职业教育新能源汽车技术专业创新教材

Xinnengyuan Qiche Gailun

新能源汽车概论
（第2版）

北京教盟博飞汽车科技有限公司　组织编写
　　　　　　吴晓斌　高　武　主　　编
　　　　马长春　宋进德　吕晓光　副主编
　　　　　　　　阚有波　主　　审

人民交通出版社股份有限公司
北　京

内 容 提 要

本书是职业教育新能源汽车技术专业创新教材。全书包括 5 个项目、10 个工作任务，主要介绍了新能源汽车现状、发展趋势、政策法规与标准，新能源汽车类型、结构特征与性能评价，以及纯电动汽车、混合动力电动汽车、其他能源动力汽车的相关知识等。

本书可作为职业院校新能源汽车技术专业的教学用书，也可作为汽车维修专业培训用书和相关技术人员的参考书。

图书在版编目(CIP)数据

新能源汽车概论/北京教盟博飞汽车科技有限公司组织编写;吴晓斌,高武主编. —2 版. —北京:人民交通出版社股份有限公司,2022.6（2024.9重印）
ISBN 978-7-114-17922-8

Ⅰ.①新… Ⅱ.①北… ②吴… ③高… Ⅲ.①新能源—汽车—概论—职业教育—教材 Ⅳ.①U469.7

中国版本图书馆 CIP 数据核字(2022)第 064411 号

书　　名：	新能源汽车概论（第 2 版）
著　作　者：	北京教盟博飞汽车科技有限公司
	吴晓斌　高　武
责任编辑：	时　旭
责任校对：	席少楠
责任印制：	张　凯
出版发行：	人民交通出版社股份有限公司
地　　址：	(100011)北京市朝阳区安定门外外馆斜街 3 号
网　　址：	http://www.ccpcl.com.cn
销售电话：	(010)59757973
总　经　销：	人民交通出版社股份有限公司发行部
经　　销：	各地新华书店
印　　刷：	北京市密东印刷有限公司
开　　本：	787×1092　1/16
印　　张：	11.5
字　　数：	280 千
版　　次：	2017 年 5 月　第 1 版
	2022 年 6 月　第 2 版
印　　次：	2024 年 9 月　第 2 版　第 4 次印刷　总第 11 次印刷
书　　号：	ISBN 978-7-114-17922-8
定　　价：	48.00 元（含教材+任务工单）

(有印刷、装订质量问题的图书,由本公司负责调换)

职业教育新能源汽车技术专业创新教材编审委员会

主　任：尹万建　阚有波

副主任：吴荣辉　李洪港

委　员：（按姓氏笔画排序）

丁宪伟	马长春	王玉珊	王　杰	王爱兵
包科杰	田晓鸿	冯本勇	冯志福	冯相民
孙　丽	刘海峰	朱　岸	江鲁安	李凤琪
李治国	李　健	李港涛	李曙辉	吕晓光
吕　翱	吴晓斌	宋广辉	宋进德	肖　强
陈　宁	杜　伟	周　峰	周茂杰	孟繁营
张东伟	张振群	郑　振	武晓斌	单翔鹭
郜振海	赵　翔	高　武	顾建疆	贾军涛
徐艳飞	殷国松	梁洪波	梁海明	康雪峰
商　卫	曾　鑫	蔺宏良	魏垂浩	

第2版前言

近年来，在国家政策的支持下，新能源汽车得到飞速的发展，由此带来的汽车后市场将需要大量新能源汽车销售、维修及其他各方面的服务人才，目前，全国大多数的职业院校开设了新能源汽车专业或新能源汽车相关课程，以满足汽车行业对人才的需求。

为了满足职业院校对新能源汽车教材及教辅资源的需求，由北京教盟博飞汽车科技有限公司和安莱（北京）汽车技术研究院课程开发团队主导，联合汽车行业新能源汽车培训专家和职业院校教育专家，共同编写了这套新能源汽车教材。本套教材以新能源汽车的使用和维修为方向，改变以往新能源汽车课程偏重设计制造技术，导致理论性太强的缺点，使课程更符合职业教育的特点及汽车行业实际情况。

本套教材结合新能源汽车相关企业岗位需求，针对企业高频的典型工作任务进行教学加工，以工作过程为主线，以任务驱动主要形式的开发思路进行编写，包括《新能源汽车概论》《新能源汽车高压安全与防护》《新能源汽车动力电池与驱动电机》《新能源汽车充电与辅助系统检修》《新能源汽车维护与故障诊断》共5种。

为了提高读者的学习兴趣和使读者便于理解，本教材配套开发了多媒体动画及实训视频，并设置二维码。读者只需要采用智能手机或平板电脑扫描书中对应的二维码，即可学习相关资源的知识。为了方便教师教学，同期开发了教材配套的教学资源：课程标准、教学设计、任务工单、教学课件、配套试题、实训视频、多媒体动画、维修案例等。更多的教学资源请登录新能源汽车资源库地址（地址为：http://edu.885car.com）。

由于新能源汽车技术及车型更新换代快速，国家及行业相关的政策法规、技术标准也持续出台，开发第2版教材势在必行。开发团队对原教材已经过时的内容进行同步更新，同时修订部分不妥甚至错误的内容。第2版教材采用彩色印刷，图文并茂，也提升了教材整体的品质和可阅读性。

《新能源汽车概论》是学生学习新能源汽车最先接触到的课程，也是学习其他后续课程的基础。《新能源汽车概论》全书条理清晰，层次分明；全面、形象、生动地阐述了新能源汽车定义、类型、结构原理以及操控与充电相关的知识和技能，包括：新能源汽车现状与发展趋势，新能源汽车政策法规与标准，新能源汽车类型、结构特征与性能评价，纯电动汽车结构原理与操控，混合动力电动汽车结构原理与操控，其他能源动力汽车结构。本书内容包括 5 个项目，10 个工作任务，涉及的车型以当前市场上主流的比亚迪、北汽新能源、上汽荣威、吉利帝豪、丰田普锐斯/卡罗拉等纯电动、混合动力电动汽车车型为主。

本书由北京教盟博飞汽车科技有限公司组织编写。嘉兴市交通学校吴晓斌、北京市城市管理高级技术学校高武担任主编，北京汽车技师学院马长春、北京市公交高级技工学校宋进德、北京市延庆区第一职业学校吕晓光担任副主编，北京汽车技师学院李凤琪担任参编。全书由阚有波担任主审。

由于编者水平和经验有限，书中难免存在缺点和疏漏，恳请广大读者批评指正。

编委会
2021 年 12 月

目录

项目一 新能源汽车概述 ·· 1
- 任务1 新能源汽车现状与发展趋势认知 ·· 1
- 任务2 新能源汽车政策法规与标准认知 ·· 10

项目二 新能源汽车类型、结构特征与性能评价 ·· 18
- 任务1 新能源汽车类型与结构特征认知 ·· 18
- 任务2 新能源汽车参数与性能评价认知 ·· 33

项目三 纯电动汽车结构原理与操控 ·· 48
- 任务1 纯电动汽车结构原理认知 ·· 48
- 任务2 纯电动汽车操控与充电 ·· 68

项目四 混合动力电动汽车结构原理与操控 ·· 86
- 任务1 混合动力电动汽车结构原理认知 ·· 86
- 任务2 混合动力电动汽车操控 ·· 100

项目五 其他能源动力汽车结构原理认知 ·· 114
- 任务1 燃料电池电动汽车结构原理认知 ·· 114
- 任务2 替代燃料汽车结构原理认知 ·· 127

参考文献 ·· 140

新能源汽车概述

本项目主要介绍新能源汽车现状、发展趋势,以及政策法规与标准的相关知识,分为 2 个任务学习。
任务 1　新能源汽车现状与发展趋势认知;
任务 2　新能源汽车政策法规与标准认知。
通过以上 2 个任务的学习,掌握新能源汽车的现状与发展趋势,以及国家相关的政策法规与标准,能够利用网络搜索新能源汽车现状与发展趋势,以及政策法规与标准的资料,并撰写报告。

任务 1　新能源汽车现状与发展趋势认知

近年来,新能源汽车是汽车行业的热门话题。作为汽车行业的从业人员,你知道什么是新能源汽车吗?对于新能源汽车的现状与发展趋势,你又了解多少呢?

● 知识要求

1. 能够描述气候变暖、环境污染、能源危机与新能源汽车的关系;
2. 能够描述新能源汽车的定义;
3. 能够描述新能源汽车的现状;

4. 能够描述新能源汽车的发展趋势。

能力要求

1. 能够利用互联网等资源查询新能源汽车现状与发展趋势的相关信息；
2. 能够撰写新能源汽车现状与发展趋势报告。

素质要求

1. 培养良好的职业道德和工匠精神；
2. 培养安全意识和团队协作精神；
3. 培养自我管理和自主学习能力。

相关知识

1. 气候变暖、环境污染及能源危机与新能源汽车的关系

自汽车问世以来，由于需要消耗燃油并排放废气，汽车对气候变暖、环境污染以及能源危机的影响是汽车行业无法回避的问题。

1）汽车对气候变暖的影响

随着全球范围内工业的发展，温室气体的排放有了明显的上升，从 1900 年以来，由于温室气体的原因，地球的平均温度已经增加了 0.6℃。为了阻止气温的变化，必须减少温室气体的排放。1997 年 12 月，由联合国气候变化框架公约参加国在日本京都召开会议，起草并制定的《京都议定书》，英文名称为"Kyoto Protocol"，又译《京都协议书》或《京都条约》，全称《联合国气候变化框架公约的京都（议定书）》，是《联合国气候变化框架公约》（United Nations Framework Convention on Climate Change，UNFCCC）的补充条款。《京都议定书》于 2005 年 2 月 16 日正式生效，是人类历史上首次以法规的形式限制温室气体排放，规定了缔约国家完成温室气体减排目标（图 1-1-1）。

图 1-1-1 《京都议定书》规定的温室气体减排目标

二氧化碳是大气主要的温室气体之一，汽车每燃烧 1kg 汽油排放出 3.08kg 的二氧化碳，因此解决温室气体的关键之一是为汽车寻找替换燃油的新能源。

2）汽车对环境污染的影响

伴随我国国民经济的持续快速发展，大城市大气环境污染问题日益突出，如图 1-1-2 所示。北京、广州、上海、重庆等大城市，导致市区大气污染以机动车为首要污染源，如图 1-1-3 所示。许多国家的大、中城市的空气污染有五成以上来源于汽车尾气。

目前，绝大部分汽车采用的发动机是内燃机。汽车发动机燃烧燃料产生动力的同时排

放出尾气。尾气的主要成分是二氧化碳(CO_2)、一氧化碳(CO)、氮氧化物(NO_x)和碳氢化合物(HC),还有铅尘和烟尘等污染物和一些固体细微颗粒物。

图 1-1-2　污染中的城市

图 1-1-3　汽车尾气

二氧化碳是燃油正常燃烧的产物,是造成气候变暖的主要原因,但对人体没有直接伤害。一氧化碳与血液中的血红蛋白结合的速度比氧气快 250 倍,从而削弱血液向各组织输送氧的功能,危害中枢神经系统,造成人的感觉、反应、理解、记忆力等机能障碍,重者危害血液循环系统,导致生命危险。氮氧化物和碳氢化合物在太阳紫外线作用下,产生一种具有刺激性的化学烟雾,其对人体最突出的危害是刺激眼睛和上呼吸道黏膜;尾气中颗粒物成分很复杂,并具有较强的吸附能力,可以吸附各种金属粉尘、强致癌物质和病原微生物等,颗粒物随呼吸进入人体,会引起呼吸系统疾病及恶性肿瘤。

除了汽车尾气给环境带来的不利影响,汽车在生产、使用乃至报废过程中都会造成环境的污染。汽车制造过程中,塑料制件中使用的氟利昂破坏臭氧层,铅基涂料会造成铅污染,油漆溶剂的散逸也会造成污染等。

为了降低汽车对环境的污染,世界各国都制定了一系列与汽车尾气排放相关的标准。欧洲汽车尾气排放标准是欧盟国家为限制汽车尾气排放污染物对环境造成的危害而共同采用的汽车尾气排放标准,对几乎所有类型的车辆排放的氮氧化物、碳氢化合物、一氧化碳和悬浮粒子(Particulate Matter,PM)都有限制。对每一种车辆类型,汽车尾气排放标准有所不同。欧洲标准是由欧洲经济委员会(ECE)的汽车尾气排放法规和欧盟(EU)的汽车尾气排放指令共同加以实现的。在欧洲,汽车尾气排放的标准一般每四年更新一次。相对于美国和日本的汽车尾气排放标准来说,测试要求比较宽泛,因此,欧洲标准也是发展中国家大都沿用的汽车尾气排放体系。由于我国的乘用车车型大多从欧洲引进生产技术,我国大体上采用欧洲标准体系制定国家标准。目前我国实施的汽车尾气排放标准是"国六标准",即"国家第六阶段机动车污染物排放标准",由环境保护部、国家质检总局发布。国六标准分为两个阶段实施,第一阶段称为国六 a 标准,从 2020 年 7 月 1 日起,汽油车每行驶 1km 排放的一氧化碳(CO)不能超过 700mg,非甲烷总烃(NMHC)不能超过 68mg,氮氧化合物(NO_x)不能超过 60mg,PM 颗粒不能超过 4.5mg。第二阶段称为国六 b 标准,从 2023 年 7 月 1 日起,汽油车每行驶 1km 排放的 CO 不能超过 500mg,NMHC 不能超过 35mg,NO_x 不能超过 35mg,PM 颗粒不能超过 3mg。

3)汽车对能源危机的影响

我国经济的高速发展,推动了能源需求快速增长。根据预测,到 2040 年,全球石油消费量将大增32%;到2050年,我国一次性能源需求量将增加66.57亿t标准煤。在石油进口依存度持续上升的情况下,国际石油价格直接影响到我国的能源安全、经济安全乃至国家安全。

近年来我国汽车产业发展迅速,已成为全球第一大汽车市场。从2009年起,我国汽车产销量持续稳居全球第一,汽车保有量剧增的同时也增加对原油的需求量。据统计,2020年我国汽车的原油需求量接近7亿t,原油需求量明显大于产量,每年都需要大量进口原油。

4)发展新能源汽车的意义

从能源利用方式上,汽车从传统燃油汽车到油电混合动力电动汽车,再发展到纯电动汽车,汽车的发展趋势如图1-1-4所示。

图1-1-4 汽车发展趋势

新能源汽车所带来的环境效益和经济效益表现如下:

(1)降低环境污染。新能源汽车,特别是纯电动汽车和燃料电池电动汽车在本质上是一种零排放汽车,无直接排放污染物,间接污染物主要产生于非可再生能源的发电与氢气制取过程,其污染物可以采取集中治理的方法加以控制;混合动力电动汽车在纯电动行驶模式下同样具有零排放的效果,同时由于减少了燃油消耗,二氧化碳排放可降低30%以上。另外,电动汽车比同类燃油车辆噪声低5dB以上,大规模推广电动汽车将大幅度降低城市噪声。

(2)节约能源。据测算,传统燃油从开采到汽车利用的平均能量利用率仅14%左右,采用混合动力技术后,能量利用率可以提高30%以上。另外,混合动力电动汽车和纯电动汽车可以利用电网夜间波谷充电,提高电网的综合效率。

(3)优化能源消耗结构。我国已探明的石油储量仅占世界石油储量的2%~3%,从1993年开始我国成为石油进口国。目前,我国交通运输石油消耗量约占石油总消耗量的一半。由于电动汽车具有能源来源多元化的特点,各种可再生能源可以转化为电能或化学能加以有效利用;同时,利用电网对电动汽车进行充电,增加了电力在交通能源领域中的应用,减少了对石油资源的依赖,优化了交通能源构成。

2. 新能源和新能源汽车的定义

1)什么是新能源

新能源又称非常规能源,是指传统能源之外的各种能源形式,刚开始开发利用或正在积极研究、有待推广的能源,如太阳能、地热能、风能、海洋能、生物质能和核聚变能等。新能源越来越多地被用到风电产业、地热利用产业、沼气发电产业、生物质产业、太阳能光伏产业,以及新能源汽车产业。图1-1-5为新能源的产业示意图。

图 1-1-5　新能源的产业示意图

2）什么是新能源汽车

什么是新能源汽车（New Energy Vehicles）呢？

汽车根据内燃机加注的燃料不同，有汽油汽车、柴油汽车以及添加乙醇的汽油汽车等。而新能源汽车是集合前文所述的汽车与新能源利用的双重含义。我们一般把利用内燃机的汽车称为传统汽车，对比新能源汽车，根据新能源汽车利用能源方式的不同，有纯电动或油电混合式新能源汽车、替代燃料新能源汽车以及其他形式的新能源汽车。

2009年6月，工业和信息化部公告发布了《新能源汽车生产企业及产品准入管理规则》（工产业〔2009〕第44号，2009年7月1日正式实施），明确指出：新能源汽车是指采用非常规的车用燃料作为动力来源（或使用常规的车用燃料、采用新型车载动力装置），综合车辆的动力控制和驱动方面的先进技术，形成的技术原理先进、具有新技术和新结构的汽车。

非常规的车用燃料是指除汽油、柴油、天然气（NG）、液化石油气（LPG）、乙醇汽油（EG）、甲醇、二甲醚之外的燃料。

根据2012年发布的《节能与新能源汽车产业发展规划（2012—2020年）》主要政策，在2012年沿用新能源汽车名词，分类包括插电式混合动力电动汽车、纯电动汽车和燃料电池电动汽车。主要特征是采用新型动力系统，完全或主要依靠新型能源驱动的汽车。

根据2017年7月1日正式实施的《新能源汽车生产企业及产品准入管理规定》（工业和信息化部令第39号）：新能源汽车是指采用新型动力系统，完全或者主要依靠新型能源驱动的汽车，包括插电式混合动力（含增程式）汽车、纯电动汽车和燃料电池电动汽车等。

增程式电动汽车（Extended-Range Electric Vehicles，简称EREV）是电动汽车的一种，其与纯电动汽车的区别是，车辆安装一台燃油发动机，在动力蓄电池电量不足时为动力蓄电池充电。

3. 新能源汽车的现状

1）国外新能源汽车现状

由于气候变暖、环境污染、能源危机等原因，新能源汽车的开发早已引起了全球汽车生产厂家的关注，一些著名的汽车公司转向研究和开发新能源汽车。各国政府也相继发布新能源汽车发展战略和国家计划，加大政策支持力度，增加研发投入，全力推进新能源汽车产业化。随着新能源汽车技术瓶颈突破的预期大大加快,新能源汽车产业进入了快速发展的新阶段。

(1) 国外纯电动汽车的状况。国外纯电动汽车主要应用于小型乘用车、大型公交车、市政与邮政等特殊用途车辆。图 1-1-6 所示是特斯拉(TESLA)纯电动汽车。

图 1-1-6　特斯拉纯电动汽车

纯电动汽车已经有 100 多年的历史,但由于传统铅酸电池的连续行驶里程等使用性能指标不能够满足纯电动汽车的要求,使纯电动汽车的研发处于停滞不前的地步。随着高性能锂离子电池和一体化电力驱动系统等技术的发展应用,纯电动汽车再次受到各国政府和企业的重视。纯电动汽车已在续驶里程、动力性、快充等方面取得了可喜的进展,已经进入实用化并大范围推广的阶段。

目前,纯电动汽车的技术攻关重点集中在提高动力蓄电池性能、降低成本方面。与传统的汽车性能、成本比较,要满足产业化要求,纯电动汽车动力蓄电池的质量能量密度需大幅度提高,成本也需大幅度下降。

(2) 国外混合动力电动汽车的状况。日本最早研发混合动力电动汽车,并最先实现了产业化。丰田普锐斯(Prius)于 1997 年 10 月底问世,是世界上最早实现批量生产的混合动力电动汽车,全球累计销量已超过 200 万辆。图 1-1-7 所示是丰田普锐斯混合动力电动汽车。早期的普锐斯采用氢镍电池,串并联控制方式,百公里油耗 3.4L。目前,普锐斯已推出第三代产品,采用锂电池作为动力蓄电池,其性能得到大幅度改善。自 1997 年丰田首先在日本推出普锐斯混合动力电动汽车以来,其他各大汽车厂家纷纷推出混合动力电动汽车产品,如本田 Insight、通用 Saturn VUE、福特 Escape 等。随着技术的成熟和生产规模的扩大,成本大幅下降。欧洲混合动力电动汽车技术起步较晚,采取与美国合作方式共享混合动力总成技术,主要应用于采用传统技术油耗较高的车型上,比如奔驰 S400 混合动力电动汽车(图 1-1-8)。

图 1-1-7　丰田普锐斯混合动力电动汽车

图 1-1-8　奔驰 S400 混合动力电动汽车

国际上,混合动力商用车也取得了快速发展,已开发了混合动力公交车、市政用车和军用车等。尤其是美国在混合动力公交车的开发和应用上取得了一定的成果,目前已有多个车型在运行。欧洲客车和货车生产商已将目光聚焦在混合动力技术上。德国奔驰、瑞典沃尔沃和波兰索拉丽斯等相继开发了混合动力商用车。混合动力技术是由单一发动机驱动向纯电动驱动转移的必经环节。合理采用混合动力技术可以较明显地节油减碳,并将成本控制在一定范围内,因此,混合动力电动汽车已成为世界各国汽车公司产业化的重点。随着电池技术的逐步成熟,逐渐提高混合度以实现传统能源向电气化转化,是混合动力技术发展的方向。前期主要为单电机并联、双电机并联和双电机混联等方案,后期将向插电式方案发展,实现向纯电动方案过渡。在动力系统结构方面,混合动力电动汽车将向更高的集成度发展。根据车用能源的发展情况,有发动机与电机集成、传动系统与电机集成两种趋势,从而实现向电动化转型。

(3) 国外燃料电池电动汽车的状况。氢燃料电池电动汽车是使用液态氢作为汽车的动力蓄电池能源,与大气中的氧发生化学反应,从而产生电能来起动电动机,进而驱动汽车。由于燃料电池电动汽车技术的战略意义十分重大,世界各发达国家和地区都在潜心致力于燃料电池电动汽车的研究,美国通用与日本丰田、美国国际燃料电池公司与日本东芝、德国奔驰与西门子、法国雷诺与意大利 De Nora 公司等纷纷组成强大的跨国联盟,优势互补,联合开发并推出了一系列的燃料电池电动汽车。图 1-1-9 所示是奔驰燃料电池电动汽车。

图 1-1-9 奔驰燃料电池电动汽车

近年来,燃料电池出现模块化趋势,单个燃料电池模块的功率范围被界定在一定的范围之内,通过提高产品性能实现模块化组装,以满足不同车辆对燃料电池功率等级的要求。通过采用混合动力技术,优化蓄电池和燃料电池的能量分配,以有效提高燃料电池的寿命、降低系统成本为目的。燃料电池电动汽车技术攻关的焦点是提高可靠性、耐久性。

2) 国内新能源汽车的现状

2012 年 7 月 9 日,国务院正式发布了《节能与新能源汽车产业发展规划》(以下简称《规划》),明确以纯电动汽车为新能源汽车发展和汽车工业转型的主要战略取向,《规划》内容明确以纯电驱动为汽车产业未来的重要方向,也是解决汽车普及过程带来的能源与环境问题的根本性措施,具有战略性意义。

自 2014 年 9 月 1 日至 2017 年底,我国对获得许可在中国境内销售(包括进口)的纯电动以及符合条件的插电式(含增程式)、混合动力、燃料电池三类新能源汽车,免征车辆购置税。2014 年 7 月,国务院办公厅发布《关于加快新能源汽车推广应用的指导意见》(以下简称《指导意见》),部署进一步加快新能源汽车推广应用。《指导意见》从总体要求、充电设施建设、积极引导企业创新商业模式、推动公共服务领域推广应用、进一步完善政策体系、坚决破除地方保护、加快创新能力建设、进一步加强组织领导等 8 个方面提出 30 条具体政策措施,促进新能源汽车产业转型升级。

2018 年 12 月 20 日,由中国汽车工程学会和丰田汽车公司联合编著的《节能与新能源汽车技术路线图年度评估报告 2018》(以下简称《评估报告 2018》)于北京正式发布。《评估报告 2018》对纯电动和插电式混合动力电动汽车、氢能燃料电池电动汽车以及动力蓄电池三个细分领域进行技术进展评估。例如,我国纯电动汽车、插电混合动力电动汽车技术进步速度已处于国际领先水准,2030 年百万新能源汽车量级目标或将轻松达成,但在燃料电池以及其他类型动力蓄电池性能等技术指标上与国际先进水平仍有差距,达成目标仍存在较大挑战。

图 1-1-10　纯电动公交车

与国外新能源汽车应用相似,我国新能源汽车目前主要应用于大型公交车、物流营运汽车、共享汽车、网约汽车等,家庭用车用量较少。图 1-1-10 所示是应用广泛的城市纯电动公交车。

根据中国汽车工业协会发布的汽车工业产销数据显示,即便在汽车整体产销量下滑的情况下,我国新能源汽车仍然保持大幅度的上涨趋势。2021 年全国新注册登记新能源汽车 295 万辆,占新注册登记汽车总量的 11.25%,与 2020 年相比增加 178 万辆,增长 151.61%。截至 2021 年底,全国汽车保有量达 3.02 亿辆,其中新能源汽车保有量达 784 万辆。

4. 新能源汽车的发展趋势

随着汽车技术的发展,新能源汽车的主要发展趋势如下所述。

1) 突破动力蓄电池技术是关键

作为动力源,现在还没有任何一种电池能与石油相提并论,动力蓄电池已成为限制电动汽车发展的瓶颈。因此,研究和开发不污染环境、成本低廉、性能优良的动力蓄电池,是大量推广使用电动汽车的前提。

2) 驱动电机呈多样化发展

美国倾向于采用交流感应电机,其主要优点是结构简单、可靠,质量较小,但控制技术较复杂。日本多采用永磁无刷直流电机,优点是效率高、起动转矩大、质量较小,缺点是成本高,且有高温退磁、抗震性较差。德国、英国等大力开发开关磁阻电机,优点是结构简单、可靠,成本低,缺点是质量较大,易产生噪声。我国应用广泛的是三相交流永磁同步电机,性价比相对较高。

3) 纯电动汽车向超微型发展

由于受续驶里程的影响,纯电动汽车向超微型发展。超微型汽车降低了对动力性和续驶里程的要求,充电过程比较简单,车速不高,较适合于市内或社区小范围内使用。

4) 采用混合动力电动汽车作为过渡产品

混合动力电动汽车是内燃机汽车和纯电动汽车之间的过渡产品,既充分发挥了现有内燃机发动机的技术优势,又尽可能发挥电机驱动无污染的优势。

5) 燃料电池电动汽车成为竞争的焦点

燃料电池电动汽车在成本和整体性能上,特别是续驶里程和补充燃料时间上明显优于其他电池的电动汽车,并且燃料电池所用的燃料来源广泛,又可再生,并可实现无污染、零排放等环保标准。因此,燃料电池电动汽车已成为世界各大汽车公司 21 世纪激烈竞争的焦点。燃料电池及氢动力发动机车型被看作新能源汽车最终的解决方案。

6) 开发新一代车用能源动力系统

开发新一代车用能源动力系统,发展新能源汽车。重点发展各种液态代用燃料发动机及其混合动力电动汽车,并逐步过渡到发展采用生物燃料的混合动力电动汽车和可充电的混合动力电动汽车;进一步发展以天然气为主体的气体燃料基础设施,分步建设长期可持续利用的气体燃料供应网络;以天然气发动机为基础,发展各种燃气动力,尤其是天然气/氢气内燃机及其混合动力;发展新一代燃料电池发动机及其混合动力;大力推进动力蓄电池的技术进步,发展适合我国国情的纯电动汽车尤其是微型纯电动汽车。以城市公交车辆为重点,以点带面,稳步推进新能源汽车的示范与商业化。

7)政府的政策和资金支持加大

政府对加快新能源汽车的发展起着至关重要的作用,政府要加大资金投入和政策引导,汽车企业要加大对新能源汽车研发的力度;同时要加大示范运行范围和力度,为新能源汽车规模化、产业化发展做准备。

任务实施

(一)工作准备

(1)防护装备:常规实训工装。
(2)专用工具、设备:新能源汽车整车或挂图、模型;能连接互联网的计算机或移动终端。

(二)实施步骤

(1)参观实训室新能源汽车或挂图,初步认识新能源汽车。
(2)利用互联网查询新能源汽车的现状和发展趋势。

打开计算机或移动终端的浏览器,利用"百度"等搜索工具,搜索"新能源汽车;现状;发展趋势"等关键词,查询并记录相关的信息。需要查询的信息包含以下内容:

①目前市场上有哪些类型的新能源汽车。
②国内混合动力电动汽车销量排行前3位的品牌及车型。
③国内纯电动汽车销量排行前3位的品牌及车型。
④新能源汽车的主要发展瓶颈。

(3)根据查询获取的信息撰写《新能源汽车的现状与发展趋势报告》。

学习测试

1. 填空题

(1)汽车对_____、_____以及_____的影响是汽车行业无法回避的问题。
(2)大城市导致市区大气污染以_____为首要污染源。
(3)_____汽车和_____电动汽车在本质上是一种零排放汽车。
(4)新能源又称_____能源,是指传统能源之外的各种能源形式。
(5)新能源汽车是指采用非常规的_____作为动力来源的汽车。

2. 判断题

(1) 电动汽车比同类燃油车辆噪声高。　　　　　　　　　　　　　　　　( )

(2) 混合动力电动汽车在纯电动行驶模式下同样具有零排放的效果,也减少了燃油消耗。　　　　　　　　　　　　　　　　　　　　　　　　　　　　　　( )

(3) 丰田普锐斯(Prius)是世界上最早实现批量生产的混合动力电动汽车。( )

(4) 电动汽车更需要基础设施的配套,而这不是一家企业能解决的,需要各企业联合起来与当地政府部门一起建设,才会有大规模推广的机会。　　　　　　　　　( )

(5) 我国新能源汽车采用的驱动电机以直流电机为主。　　　　　　　　　( )

3. 单项选择题

(1) 以下不属于新能源的是(　　)。
　　A. 太阳能　　　　　　B. 风能　　　　　　C. 核能　　　　　　D. 无烟煤

(2) 以下属于非常规车用燃料的是(　　)。
　　A. 汽油、柴油　　　　　　　　　　　B. 天然气(NG)、液化石油气(LPG)
　　C. 氢燃料　　　　　　　　　　　　　D. 乙醇汽油

(3) 以下属于我国目前确定新能源汽车范畴的是(　　)。
　　A. 混合动力电动汽车　　　　　　　　B. 纯电动汽车
　　C. 燃料电池电动汽车　　　　　　　　D. 以上全部都是

(4) 目前电动汽车存在的问题是(　　)。
　　A. 动力电池储存能量少　　　　　　　B. 价格高
　　C. 推广需要配套设施　　　　　　　　D. 以上全部都是

(5) 以下属于新能源汽车的发展趋势是(　　)。
　　A. 突破动力蓄电池技术是关键
　　B. 驱动电机呈多样化发展
　　C. 燃料电池电动汽车成为竞争的焦点
　　D. 以上全部都是

任务2　新能源汽车政策法规与标准认知

提出任务

作为汽车行业从业人员,你知道国家对新能源汽车出台了哪些法规和标准吗? 国家对新能源汽车的优惠政策又有哪些? 新能源电动汽车用不用驾驶执照及上牌照? 老年代步车算不算新能源汽车? 如果你不能回答这些问题,那么我们一起来学习吧。

任务要求

知识要求

1. 能够描述国家对新能源汽车的战略规划；
2. 能够描述新能源汽车的政策与法规；
3. 能够描述新能源汽车的标准。

能力要求

1. 能够利用互联网等资源查询新能源汽车的政策、法规与标准；
2. 能够撰写新能源汽车的政策、法规与标准报告。

素质要求

1. 培养良好的职业道德和工匠精神；
2. 培养安全意识和团队协作精神；
3. 培养自我管理和自主学习能力。

相关知识

国家政策对加快新能源汽车的发展起着至关重要的作用。各国政府相继发布了新能源汽车发展战略和国家计划，加大政策支持力度，增加研发投入，全力推进新能源汽车产业化。

针对新能源汽车产业的发展，我国政府也相继出台了一系列政策、法规和技术标准，并且根据发展状况不断更新和调整。政府出台的政策引导和加大资金投入，推进汽车生产企业加大对新能源汽车研发的力度。同时，有关部门加大示范运行范围和力度，为新能源汽车规模化、产业化发展做准备。相关内容可以查询各部委的网站及其他的信息平台。

1. 国家对新能源汽车的战略规划

为了促进新能源汽车的发展，国家对新能源汽车进行了以下的战略规划：

1) 指导思想及基本原则

贯彻落实发展新能源汽车的国家战略，以纯电驱动为新能源汽车发展的主要战略取向，重点发展纯电动汽车、插电式（含增程式）混合动力电动汽车和燃料电池电动汽车，以市场主导和政府扶持相结合，建立长期稳定的新能源汽车发展政策体系，创造良好发展环境，加快培育市场，促进新能源汽车产业健康快速发展。

（1）创新驱动，产学研用结合。新能源汽车生产企业和充电设施生产建设运营企业要着力突破关键核心技术，加强商业模式创新和品牌建设，不断提高产品质量，降低生产成本，保障产品安全和性能，为消费者提供优质服务。

（2）政府引导，市场竞争拉动。地方政府要相应制定新能源汽车推广应用规划，促进形成统一、竞争、有序的市场环境。建立和规范市场准入标准，鼓励社会资本参与新能源汽车生产和充电运营服务。

（3）双管齐下，公共服务带动。把公共服务领域用车作为新能源汽车推广应用的突破口，扩大公共机构采购新能源汽车的规模，通过示范使用增强社会信心，降低购买使用成本，引导个人消费，形成良性循环。

（4）因地制宜，明确责任主体。地方政府承担新能源汽车推广应用主体责任，要结合地方经济社会发展实际，制订具体实施方案和工作计划，明确工作要求和时间进度，确保完成各项目标任务。

2）加快充电设施建设

（1）制定充电设施发展规划和技术标准。完善充电设施标准体系建设，制定实施新能源汽车充电设施发展规划，鼓励社会资本进入充电设施建设领域，积极利用城市中现有的场地和设施，推进充电设施项目建设，完善充电设施布局。电网企业要做好相关电力基础网络建设和充电设施报装增容服务等工作。图1-2-1所示是新能源汽车配套的充电设施。

（2）完善城市规划和相应标准。将充电设施建设和配套电网建设与改造纳入城市规划，完善相关工程建设标准，明确建筑物配建停车场、城市公共停车场预留充电设施建设条件的要求和比例。加快形成以使用者居住地、驻地停车位（基本车位）配建充电设施为主体，以城市公共停车位、路内临时停车位配建充电设施为辅助，以城市充电站、换电站为补充的，数量适度超前、布局合理的充电设施服务体系。研究在高速公路服务区配建充电设施，积极构建高速公路城际快充网络。

（3）完善充电设施用地政策。鼓励在现有停车场（位）等现有建设用地上设立他项权利建设充电设施。通过设立他项权利建设充电设施的，可保持现有建设用地已设立的土地使用权及用途不变。在符合规划的前提下，利用现有建设用地新建充电站的，可采用协议方式办理相关用地手续。政府供应独立新建的充电站用地，其用途按城市规划确定的用途管理，应采取招标拍卖挂牌方式出让或租赁方式供应土地，可将建设要求列入供地条件，地价确定可考虑政府支持的要求。供应其他建设用地需配建充电设施的，可将配建要求纳入土地供应条件，依法妥善处理充电设施使用土地的产权关系。严格充电站的规划布局和建设标准管理。严格充电站用地改变用途管理，确需改变用途的，应依法办理规划和用地手续。图1-2-2所示是居民小区配套的新能源汽车服务设施。

图1-2-1　配套的充电设施

图1-2-2　居民小区配套的服务设施

(4)完善用电价格政策。充电设施经营企业可向电动汽车用户收取电费和充电服务费。2020年以前,对电动汽车充电服务费实行政府指导价管理。对向电网经营企业直接报装接电的经营性集中式充电设施用电,执行大工业用电价格;对居民家庭住宅、居民住宅小区等非经营性分散充电桩按其所在场所执行分类目录电价;对党政机关、企事业单位和社会公共停车场中设置的充电设施用电执行一般工商业及其他类用电价格。电动汽车充电设施用电执行峰谷分时电价政策。将电动汽车充电设施配套电网改造成本纳入电网企业输配电价。

(5)推进充电设施关键技术攻关。依托国家科技计划加强对新型充电设施及装备技术、前瞻性技术的研发,对关键技术的检测认证方法、充电设施消防安全规范以及充电网络监控和运营安全等方面给予科技支撑。支持企业探索发展适应行业特征的充电模式,实现更安全、更方便的充电。

(6)鼓励公共单位加快内部停车场充电设施建设。具备条件的政府机关、公共机构及企事业等单位新建或改造停车场,应当结合新能源汽车配备更新计划,充分考虑职工购买新能源汽车的需要,按照适度超前的原则,规划设置新能源汽车专用停车位、配建充电桩。

(7)落实充电设施建设责任。地方政府要把充电设施及配套电网建设与改造纳入城市建设规划,因地制宜制定充电设施专项建设规划,在用地等方面给予政策支持,对建设运营给予必要补贴。电网企业要配合政府做好充电设施建设规划。

2. 新能源汽车的政策与法规

2020年11月,国务院办公厅印发的《新能源汽车产业发展规划(2021—2035年)》指出,要以习近平新时代中国特色社会主义思想为指引,坚持新发展理念,以深化供给侧结构性改革为主线,坚持电动化、网联化、智能化发展方向,以融合创新为重点,突破关键核心技术,优化产业发展环境,推动我国新能源汽车产业高质量可持续发展,加快建设汽车强国。

可以预见新能源汽车在国家政策支持下,未来将得到高速发展和普及。

1)新能源汽车的政策

为加快汽车产业技术进步,着力培育战略性新兴产业,推进节能减排,2010年以来,国家有关部门陆续出台了新能源汽车补贴政策。同时,政府对汽车生产企业的燃料消耗限值不断降低,显示政府希望由市场力量来推动新能源汽车的发展。

为促进新能源汽车技术的进步,新能源汽车补贴额度逐年下降,享受补贴的车辆标准逐年提高。具体的退坡办法是:2017—2020年,除燃料电池电动汽车外,其他新能源车型补贴标准都实行退坡,其中:2017—2018年补贴标准在2016年基础上下降20%,2019—2020年补贴标准在2016年基础上下降40%。

2020年12月31日,财政部、工业和信息化部、科技部、国家发展和改革委员会联合发布了《关于进一步完善新能源汽车推广应用财政补贴政策的通知》(以下简称《通知》)。《通知》指出,2021年新能源汽车补贴标准在2020年基础上退坡20%,并于2021年1月1日起正式实施。

(1)2021年新能源汽车补贴标准。2021年新能源车购置补贴标准在2020年基础上退坡20%(公共领域车辆退10%),但是技术指标不变。

新能源乘用车购置补贴具体标准如下：

①私人购买的，要求纯电动汽车的续驶里程400km以上，每车补贴金额为1.8万元；

②非私人购买或用于营运的新能源乘用车，按照相应补贴金额的0.7倍计。

根据政策，2021年新能源乘用车补贴，只有中央补贴，没有地方补贴；道路客运、出租(含网约车)、环卫、城市物流配送、邮政快递、民航机场以及党政机关公务领域的车辆购置补贴，没有地方补贴。

新能源商用车购置补贴标准如下：

①公共交通等领域汽车电动化，城市公交、道路客运、出租(含网约车)、环卫、城市物流配送、邮政快递、民航机场以及党政机关公务领域符合要求的新能源汽车，2021年补贴标准在2020年基础上退坡10%。

②同时，地方可针对新能源公交车给予购置补贴。

根据政策，2021年新能源商用车补贴，是针对公共交通等领域车辆购置补贴，其中新能源公交车给予购置补贴，有中央补贴和地方补贴两方面(但是地方补贴与否，决定权在地方政府)。

(2) 2021年纯电乘用车购置补贴分档。

①纯电乘用车的续驶里程300(含)~400km补贴1.3万元；400km以上补贴1.8万元。

②插电式混合动力(含增程式)乘用车补贴0.68万元。

(3) 2021年新能源乘用车政策与2020年对比如下：

①对于售价高于30万元的新能源乘用车，不补贴。

②对车电分离模式予以鼓励，仍然给予补贴。

(4)乘用车动力蓄电池能量密度连续两年不变。

①125~140Wh/kg：0.8倍补贴。

②140~160Wh/kg：0.9倍补贴。

③160Wh/kg以上：1倍补贴。

(5)插电式混合动力电动汽车试验标准调整。

①2021年，我国新能源汽车试验方法标准将更新。新标准发布实施前，按照老标准进行检测的产品，只要符合补贴政策技术门槛要求，均可按规定享受补贴。

②插电式混合动力(含增程式)汽车在新试验方法标准下的补贴技术要求，有条件的等效全电(纯电)续驶里程应不低于43km。

③电量保持模式试验的燃料消耗量(不含电能转化的燃料消耗量)与《乘用车燃料消耗量限值》(GB 19578)中对应车型的燃料消耗量限值相比应小于65%，电量消耗模式试验的电能消耗量应小于同整备质量纯电动乘用车电能消耗量目标值的125%。

(6)新政策的影响分析。

①生产企业产品质量主体责任。

②按要求对有缺陷的产品进行召回。否则，生产企业可能面临暂停或取消推荐车型目录、暂缓或取消财政补贴等措施。

2)新能源汽车使用管理办法

随着国家对新能源汽车的日益重视以及社会环境的需要，新能源汽车必将逐步取代传统汽车，汽车行业也将迎来一次史无前例的汽车革命，但是随着新能源汽车渐渐走进大众生活,国家对新能源汽车出台了哪些法律法规和管理办法呢?

(1)新能源汽车的驾驶资格。

很多人误以为电动汽车不用烧油,应该跟老年代步车一样无需驾驶证便可直接上路,但据交通管理部门介绍:电动汽车属于四轮机动车,无驾驶证开车上路会被依法扣留车辆。

老年代步车、老年电动车的车速,是参照电动轮椅的国家标准,时速限制在10km。如果超速,或者用来非法营运、载货,都将按照道路交通安全法的规定进行处罚。

纯电动汽车、混合动力电动汽车、燃料电池电动汽车的车长、车宽,包括车速都和机动车一样,最高时速超过60km,车辆性能远远大于老年代步车,所以电动汽车的驾驶人必须持有C类驾驶证才能上路行驶。

(2)新能源汽车的牌照。

新能源汽车上牌照必须符合工业和信息化部发布的《道路机动车辆生产企业及产品公告》(以下简称《公告》)相关规定,以及拥有车辆合格证、购车发票、完税证明、交强险等。而未列入《公告》的汽车,按照规定不能上牌。

根据《中华人民共和国道路交通安全法》及相关法律法规规定,国家对机动车实行登记制度,机动车经公安机关交通管理部门登记后,方可上道路行驶。公安机关交通管理部门对机动车登记的依据之一是列入《公告》的产品。如果市民购买的电动汽车为《公告》内的产品,也就是在车管所的车辆目录中能够查到信息的汽车,就可以到车管所,按照《机动车驾驶证申领和使用规定》中所列的对应车辆,申请相应的准驾车型。符合相关条件的电动汽车上牌手续与普通机动车一样。但是因为现阶段国家政策鼓励,新能源车在一线大城市是可以享受不限行及单独摇号池摇号的鼓励政策。

凡在《公告》目录上能够查询到车型的电动汽车,均可在指定地点登记上牌,并按机动车统一规范管理。

城市微型电动汽车,各项指标符合国家相关条件,可以按照规定申领牌照,使得车辆及驾驶更有保障,并且享受免除车辆购置税、不受车牌尾号限制,以及购车补贴等鼓励政策。

3. 新能源汽车的标准

我国新能源汽车标准的制定工作,是伴随着国内新能源汽车产业化发展而产生的。早在开始新能源汽车的研究开发时,我国就意识到相关技术标准研究的重要性。我国对新能源汽车标准的制定工作始于1998年,这一年全国汽车标准化技术委员会成立了电动车辆标准化分技术委员会,正式开始研究制定我国的新能源汽车标准。我国在选择制定新能源汽车标准时主要依据国内新能源汽车产业开发和应用的趋势,并参考和借鉴国外相关行业性组织已出台的标准。电动车辆标准化分技术委员会对国外新能源车辆标准化工作进行充分的分析和研究后,将新能源汽车分为纯电动汽车、混合动力电动汽车和燃料电池电动汽车三种类型,并制定相应标准。除了纯电动汽车标准、混合动力电动汽车标准和燃料电池电动汽车标准外,我国新能源汽车相关的国家标准还包括基础设施技术标准、动力蓄电池质量标准、维修服务规范等。由于新能源汽车国家标准更新较快,具体内容可以查阅国家标准相关的网站。

任务实施

(一)工作准备

(1)防护装备:常规实训工装。
(2)专用工具、设备:能连接互联网的计算机或移动终端。

(二)实施步骤

(1)新能源汽车政策、法规与标准查询。打开计算机或移动终端的浏览器,利用"百度"等搜索工具,搜索"新能源汽车;政策;法规"等关键词,查询并记录相关的信息。
(2)撰写报告对所查询出的相关信息进行分析、学习和讨论。

学习测试

1. 填空题

(1)针对新能源汽车产业的发展,我国政府相继出台了一系列_____、_____和_____,并且根据发展状况不断更新和调整。
(2)自2010年中央实施新能源汽车补贴政策以来,补贴额度逐年_____,享受补贴的车辆标准逐年_____。
(3)2021年新能源汽车补贴标准在2020年基础上退坡_____,并于_____年_____月_____日起正式实施。
(4)我国将新能源汽车分为_____、_____和_____三种类型并制定相应标准。
(5)根据政策,2021年新能源商用车补贴,是针对_____等领域车辆购置补贴。

2. 判断题

(1)新能源汽车的补贴额度逐年递增。　　　　　　　　　　　　　　( )
(2)电动汽车不用烧油,应该跟老年代步车一样无需驾驶证便可直接上路　( )
(3)城市微型电动汽车,各项指标符合国家相关条件,可以按照规定申领牌照。( )
(4)充电设施经营企业不得向电动汽车用户收取电费和充电服务费。　　( )
(5)我国新能源汽车标准的制定工作,是伴随着国内新能源汽车产业化发展而产生的。
　　　　　　　　　　　　　　　　　　　　　　　　　　　　　　　( )

3. 单项选择题

(1)按照国家规定,电动汽车上牌,必须符合工业和信息化部发布的《道路机动车辆生产企业及产品公告》相关规定,以及拥有车辆合格证、购车发票、(　　)、交强险等。
　　A. 购车质量检查报告　　　　　　　　B. 汽车尾气合格证明
　　C. 完税证明　　　　　　　　　　　　D. 新车出厂证明
(2)2021年新能源乘用车政策,对于售价高于(　　)的新能源乘用车,不补贴。

A. 20万元　　　　　　B. 30万元　　　　　　C. 40万元　　　　　　D. 50万元

(3)私人购买的纯电动汽车续驶里程,每车补贴金额为1.8万元的续驶里程为(　　)以上。

A. 100km　　　　　　B. 200km　　　　　　C. 300km　　　　　　D. 400km

(4)插电式混合动力电动(含增程式)汽车在新试验方法标准下的补贴技术要求,有条件的等效全电(纯电)续驶里程应不低于(　　)。

A. 30km　　　　　　B. 40km　　　　　　C. 43km　　　　　　D. 50km

(5)我国电动汽车国家标准制定的机构是(　　)。

A. 国家发展和改革委员会　　　　　　B. 电动车辆标准化技术委员会
C. 中国汽车工程师协会　　　　　　　D. 新能源汽车生产厂家

项目二

新能源汽车类型、结构特征与性能评价

本项目主要介绍新能源汽车的类型、结构特征与性能评价,分为 2 个任务学习。
任务 1　新能源汽车类型与结构特征认知;
任务 2　新能源汽车参数与性能评价认知。
通过以上 2 个任务的学习,了解什么是新能源汽车,并掌握当前新能源汽车的类型、结构类型,常见的新能源车型及其参数与性能评价。

任务 1　新能源汽车类型与结构特征认知

作为一名汽车专业的学生,你知道新能源汽车有哪些类型吗?新能源汽车与传统汽车有什么区别吗?

● 知识要求

1. 能够描述新能源汽车的类型;
2. 能够描述新能源汽车的基本性能特征;
3. 能够描述新能源汽车与传统汽车的区别。

新能源汽车类型、结构特征与性能评价　项目二

● 能力要求

能够正确识别纯电动及油电混合动力新能源汽车的类型。

● 素质要求

1. 培养良好的职业道德和工匠精神；
2. 培养安全意识和团队协作精神；
3. 培养自我管理和自主学习能力。

相关知识

1. 新能源汽车的类型

新能源汽车有很多种分类方式，以下介绍两种常见的分类方式。

1）按油、电的分配比例分类

根据目前市场上成熟车辆的形式，结合传统汽车、纯电动汽车和混合动力电动汽车，按照油、电的分配比例，划分成图 2-1-1 所示级别的油电类新能源汽车。

图 2-1-1　按油、电比例划分的新能源汽车类型

（1）ICE。纯内燃机驱动的汽车，100% 的动力能源来自内燃机输出。

（2）HEV。油电混合动力电动汽车，通常情况下，电力输出能量占到电力与内燃机总能量的 25% 左右。

（3）PHEV。插电式混合动力电动汽车，因为此类汽车可以通过外部电网获取电能，电力输出一般较高，占到 45% 左右。

（4）BEV。纯电动汽车，驱动车辆的动力全部是电能。

油电类新能源汽车类型如图 2-1-2 所示。

2）按驱动系统获取能源的方式分类

鉴于当前新能源汽车的技术发展，按照新能源汽车驱动系统获取能源的方式，分为两种类型，如图 2-1-3 所示。

油电类新能源汽车类型

图 2-1-2　油电类新能源汽车类型

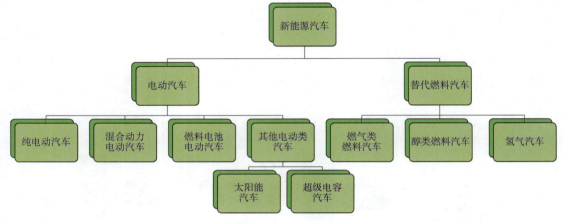

图 2-1-3　按驱动系统获取能源方式划分的新能源汽车类型

一类是以电力驱动技术为主的电动汽车；另一类是在内燃机基础上研发以替代燃料技术为主的替代燃料汽车，如氢能源汽车、LPG 燃料汽车等。需要特别注意的是，对于燃料电池电动汽车和太阳能汽车、超级电容汽车等，实际上也可以归类到电动类型汽车中，主要原因在于此类汽车的能源最终都是转换成电力的形式存储在汽车或者直接通过电机驱动车辆的。根据目前国家对新能源汽车的定义，替代燃料汽车、非插电式混合动力电动汽车没有被列入新能源汽车范畴，即不享受补贴政策。

（1）电动汽车类型。

电动类型的新能源汽车从动力结构的角度可以分为纯电动汽车和混合动力电动汽车，同时也包括燃料电池电动汽车及其他电动类汽车，如太阳能汽车和超级电容汽车等。

①纯电动汽车。纯电动汽车顾名思义就是全部采用电力驱动的汽车，利用驱动电机来驱动车辆。图 2-1-4 所示是充电中的北汽 EV200 纯电动汽车，在传统汽车加油口位置的是充电插座。

纯电动汽车的优点在于技术相对简单成熟，只要有电力供应的地方都能够充电。但目前动力蓄电池的单位重量储存的能量太少，而且成本高，没有形成经济规模，故价格较贵。

有专家认为，对于纯电动汽车而言，目前最大的障碍就是基础设施建设以及价格影响了产业化的进程，与混合动力电动汽车相比，纯电动汽车更需要基础设施的配套，而这不是一家企业能解决的,需要各企业联合起来与当地政府部门一起建设,才会有大规模推广的机会。

②混合动力电动汽车。混合动力电动汽车是指那些采用传统燃料,同时配以电机来改善低速动力输出和燃油消耗的车型。按照燃料种类的不同,主要又可以分为汽油混合动力和柴油混合动力两种。目前国内市场上,混合动力电动汽车的主流都是汽油混合动力,而国际市场上柴油混合动力车型发展也很快。

图 2-1-5 所示是雷克萨斯 CT200h 混合动力电动汽车,其汽油、电机传动系统拥有 4 种不同的设置,包括节能、普通、运动和 EV 4 种模式,特别是 EV 模式值得关注,允许车辆用纯电动力以 45km/h 的速度行驶 2km,搭载 1.8L 的四缸发动机,另外还配有一个大功率的直流电机,在配合汽油发动机的时候,整车可以提供约 180 马力(约 132kW)的最大功率。

图 2-1-4　充电中的纯电动汽车　　　　图 2-1-5　雷克萨斯 CT200h 混合动力电动汽车

③燃料电池电动汽车。燃料电池电动汽车(图 2-1-6)是指以氢气、甲醇等为燃料,通过化学反应产生电流,依靠电机驱动的汽车。燃料电池的能量是通过氢气和氧气的化学作用,直接变成电能。燃料电池的化学反应过程不会产生有害产物,因此,燃料电池电动汽车是无污染的汽车。燃料电池的能量转换效率比内燃机要高 2～3 倍,因此,从能源的利用和环境保护方面,燃料电池电动汽车是一种理想的汽车。

④太阳能汽车。太阳能汽车是利用太阳能电池将太阳能转换为电能,并利用该电能作为能源驱动行驶的汽车,它是电动汽车的一种。太阳能汽车在很大程度上降低了电动汽车的使用成本,而且非常环保。图 2-1-7 所示为太阳能汽车。太阳能汽车主要由太阳能电池组、向日自动跟踪器、驱动系统、控制器、机械系统等组成。

太阳能汽车的主要优点是:

a. 以光、电代替油,可节约有限的石油资源。白天,太阳能电池把光能转换为电能自动存储在动力蓄电池中。在晚间或阴雨天,可以利用家用交流电(220V)进行充电,确保车辆照常行驶。

b. 无污染。因为不用燃油,不会排放污染大气的有害气体。

c. 无噪声。没有内燃机,行驶时不会听到燃油汽车的轰鸣声。

太阳能汽车的缺点是:

a. 开发成本较高。

b. 受自然条件(阳光)的限制。

图 2-1-6　燃料电池电动汽车

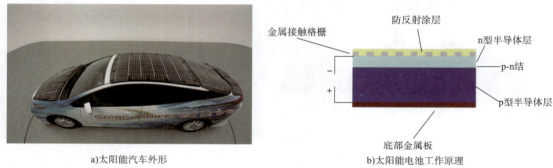

图 2-1-7　太阳能汽车及太阳能电池工作原理

⑤超级电容汽车。超级电容汽车采用了超级电容储能装置。利用双电层原理制成的大容量电容称为超级电容,利用超级电容储能的装置就称为超级电容储能装置。其电容组如图 2-1-8 所示,超级电容存储的电能配合电池的电能,经过逆变器加载到电机,实现对车辆的驱动。

我国第一辆超级电容公交车(图 2-1-9)于 2006 年 8 月 28 日在上海投入运营。使用证明,该车起步动作迅速有力,运行时清洁、经济、方便,在车顶上的可伸缩受电弓可快速升降,与公交车站上方的高压馈线碰触就可充电,中途充电 30s 即可,充一次电可行驶 3~5 站地。

图 2-1-8　超级电容客车电容组

图 2-1-9　超级电容公交车

(2)替代燃料汽车类型。

虽然替代燃料汽车没有被列入我国新能源汽车目录,但在节能减排方面仍然起到重要的作用。

①燃气类燃料汽车。燃气类燃料汽车简称燃气汽车,是指用压缩天然气(CNG)、液化石油气(LPG)和液化天然气(LNG)作为燃料的汽车。燃气汽车由于其排放性能好,可调整汽车燃料结构,运行成本低、技术成熟、安全可靠,所以被世界各国公认为当前最理想的替代燃料汽车。目前,燃气仍然是世界汽车代用燃料的主流,在我国代用燃料汽车中占到90%左右。

燃气汽车一般又分为3种类型,即专用气体燃料汽车、两用燃料汽车和双燃料汽车。专用气体燃料汽车是以液化石油气、天然气或煤气等气体为发动机燃料的汽车,如天然气汽车、液化石油气汽车等,这种汽车可以充分发挥天然气理化性能特点,价格低、污染少,是最清洁的汽车;两用燃料汽车是指具有两套相对独立的供给系统,一套供给天然气或液化石油气,另一套供给天然气或液化石油气之外的燃料,两套燃料供给系统可分别但不可共同向汽缸供给燃料的汽车,如汽油/压缩天然气两用燃料汽车、汽油/液化石油气两用燃料汽车等;双燃料汽车是指具有两套燃料供给系统,一套供给天然气或液化石油气,另一套供给天然气或液化石油气之外的燃料,两套燃料供给系统按预定的配比同时向汽缸供给燃料,在汽缸中混合燃烧的汽车,如柴油—压缩天然气双燃料汽车、柴油—液化石油气双燃料汽车等。

图2-1-10所示是天然气双燃料乘用车的前机舱天然气部件及行李舱的天然气罐。

图2-1-10 天然气双燃料汽车

②醇类燃料汽车。乙醇俗称酒精,因此,使用乙醇为燃料的汽车,也可叫酒精汽车。如果采用生物乙醇作为燃料,则可以称为生物燃料或生物乙醇汽车。

用乙醇代替石油燃料的历史已经很长,无论是从生产上和应用上的技术都已经很成熟。在汽车上使用乙醇,可以提高燃料的辛烷值,增加氧含量,使发动机缸内燃烧更完全,可以降低废气中的有害物质。

图2-1-11所示是日产生物乙醇汽车。

③氢气汽车。氢气汽车也称氢动力汽车或氢燃料汽车,直接采用氢气作为发动机燃料(这区别于氢燃料电池电动汽车)。氢气汽车是一种真正实现零排放的交通工具,排放出的是纯净水,具有无污染、零排放、储量丰富等优势。因此,氢气汽车是传统汽车最理想的替代方案。但是从制造成本而言,与传统动力汽车相比,氢气动力汽车成本至少要高出20%。

长安汽车在 2007 年研发出了我国第一台高效零排放氢内燃机点火汽车,并在 2008 年北京车展上展出了我国自主研发的首款氢气动力概念跑车"氢程"(图 2-1-12)。

图 2-1-11　日产生物乙醇汽车

图 2-1-12　"氢程"概念跑车

2. 新能源汽车基本性能特征

从技术的角度,新能源汽车具有传统汽车无法通过改进内燃机或变速器来获取的基本性能。

1) 节省燃油

如果是纯电动汽车无需消耗燃油;如果是混合动力电动汽车,可以优化内燃机运行工况,节省燃油。

混合动力电动汽车可以通过驱动电机的动力输出,来弥补汽车行驶工况变化时内燃机的不足。如图 2-1-13 所示,通过对车辆驱动线路的改进,让驱动电机的动力根据车辆行驶工况的改变来输出,而让内燃机的运行转速保持稳定,并始终工作在最佳的空燃比附近。

2) 非常平滑和快捷的动力输出

纯电动汽车,驱动车辆的驱动部件是电机。电机具有加电后反应快、低速输出转矩大等特点,把这一特性再通过变速器输出到车轮上,汽车表现出来起步快,同时运转平稳流畅,具备无级变速器的优点。

混合动力电动汽车的驱动力通常来自内燃机输出动力和驱动电机输出动力,相较于传统汽车仅有一种内燃机动力来源,混合动力电动汽车能够在车辆急加速的情况下,及时通过调动电机或者增加电机的输出功率的方式来提升输出转矩,增加车辆的动力性。而传统汽车如果需要做到快速加速,就必须通过增加燃油供给,并经过一个完整的吸气、压缩、做功、排气的工作循环,导致输出动力的滞后性。图 2-1-14 是混合动力采用电机辅助来平滑输出转矩的曲线图。

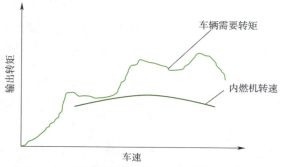

图 2-1-13　内燃机能够在不同工况下保持稳定和空燃比

图 2-1-14　混合动力采用电机辅助来平滑输出转矩

3）轻松实现自动停机与自动起动

如图2-1-15所示，新能源汽车采用自动起停系统，能够轻松实现自动停机与自动起动的控制。纯电动汽车在停车等待红灯时，只需要关闭供给电机的电能即可实现零能量消耗。采用混合动力的汽车，通常都会取消传统的12V起动机，改由驱动电机直接驱动内燃机的起动。因此，当车辆控制系统监测到不需要内燃机运行时，例如当车辆在等待红灯时处于怠速运行情况下，系统将会自动关闭内燃机的运行，需要的时候再通过驱动电机快速、短时间起动内燃机。这样的设计能够进一步降低车辆在怠速时的燃油消耗和尾气排放。

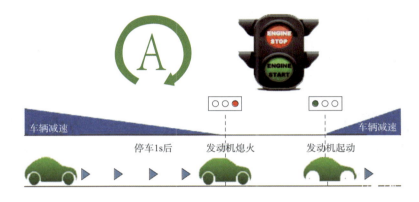

图2-1-15 自动起停工作示意图

4）能量利用率将更高

如图2-1-16所示，内燃机工作时，能量很大一部分被作为热量消耗掉了，例如需要对内燃机进行水冷，这部分热量就是不能被利用的。还有就是车辆制动时，有一部分能量被制动摩擦损耗掉，如果能保持车辆持续前进，不踩制动踏板，汽车油耗会比常踩制动踏板要低。

纯电动汽车因为取消了内燃机，因此可以降低如热量散失、未完全燃烧等损失，其有效利用率超过了50%。此外，即使是混合动力电动汽车，由于通过电力系统的辅助来优化内燃机的工作，有些混合度较高的车辆可以大部分时间都是纯电力驱动，其能量利用率也有大幅的提高。

此外，新能源汽车有一个很重要的能量利用方式就是制动能量回收。如图2-1-17所示，制动能量回收是指通过连接车辆驱动电机。在新能源汽车需要制动时，先给电机上加载负荷让电机利用这个负荷来发电，逆向拖动使车辆制动的一种方式。制动能量回收可以有效降低因制动导致的摩擦能量消耗。

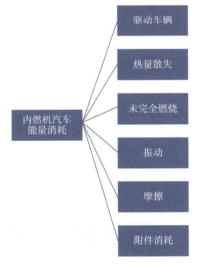

图2-1-16 内燃机汽车能量消耗主要方式

3. 新能源汽车与传统汽车的区别

新能源汽车的基础仍然是汽车，只是产生驱动车辆动力的能源形式变了。因此要了解新能源汽车，首先得具备传统汽车的基础知识。

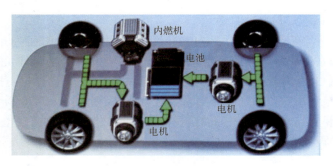

图 2-1-17　制动能量回收路径

图 2-1-18 所示是新能源汽车基本结构特征，说明了新能源汽车是在传统汽车一些系统的基础上，改进了驱动汽车的动力，如采用了存储电能的动力蓄电池加电机，或者是继续保留内燃机，但通过增加一套电力驱动来优化内燃机燃烧的混合动力。

图 2-1-18　新能源汽车基本结构特征

需要特别说明的是，目前市场上的新能源汽车一般是指纯电动汽车或油电混合动力电动汽车，因此以下的内容在没有特别说明的情况下，所述的新能源汽车即为上述两种类型。

与传统汽车相对比，新能源汽车具有以下一些基本的结构特征。

1）改变了驱动车辆的动力形式

如果是纯电动汽车，那么驱动汽车行驶的动力就是全部依靠电机，电机的驱动电能来自动力蓄电池。如图 2-1-19 所示，纯电动汽车的驱动系统上不再有传统汽车的内燃机、变速器了，取而代之的是位于尾部的动力蓄电池，以及位于原内燃机位置的一个带有电机的驱动单元（包括单挡的变速器）。

如果是混合动力电动汽车，那么驱动系统会具有传统汽车的内燃机、变速器等部件，但是在驱动系统上还会多一些部件，也就是增加的电力驱动系统。如图 2-1-20 所示，车辆发动机前舱仍然有内燃机，但是连接内燃机位置会多了一条明显的橙色电缆，以及位于电缆末端的动力蓄电池，这是一个内燃机与电力组合的混合动力电动汽车驱动系统典型结构。

图 2-1-19　纯电动汽车典型驱动结构

图 2-1-20　混合动力电动汽车典型驱动结构

2）保留了传统汽车的大多数部件

新能源汽车与传统汽车相比，有着类似的车身设计以及汽车的基本设计元素，如行驶系统、制动系统、转向系统、车身电气等。无论是纯电动汽车还是混合动力电动汽车，从车辆的外观上，是很难区分的，因为这类新能源汽车仍然是汽车，改进的只是在一些看不到的地方。如图 2-1-21 所示，卡罗拉汽车的传统版和混合动力版，从外观上并不能明显看出混合动力的区别特征。

a）传统版　　　　　　　　　　　　　　b）混合动力版

图 2-1-21　传统版与混合动力版丰田卡罗拉汽车外观

3）因为驱动系统和运行模式的改变，整车部分系统也做了升级

由于新能源汽车的动力源与传统汽车不同，因此新能源汽车有些系统也不同于传统汽车，例如空调与暖风系统、发电系统以及加注能源的形式等。

（1）空调动力源与暖风加热方式不同。

新能源汽车的空调压缩机一般直接采用电机驱动，区别于传统汽车通过内燃机曲轴传动带的驱动形式，如图 2-1-22 所示。

a）传统汽车曲轴传动带驱动压缩机　　　　　　b）纯电动汽车高压电驱动压缩机

图 2-1-22　新能源汽车与内燃机汽车空调系统压缩机

在暖风实现的形式上，由于没有内燃机稳定的热源，驱动电机等部件产生的热能又达不到，纯电动汽车和大多数的混合动力电动汽车利用电加热的方式来产生暖风。电加热的方式有两种（图 2-1-23）：一种是通过高压电加热类似传统空调与暖风系统中的冷却液，再经过循环为暖风水箱提供热量；另一种是直接通过高压电驱动 PTC 加热器来加热经过蒸发箱的空气实现暖风。

PTC 是 Positive Temperature Coefficient 的缩写，意思是正的温度系数，泛指正温度系数很大的半导体材料或元器件。PTC 是汽车产生暖风的主要来源，其发热速度快，温度高而且可控、使用方便。

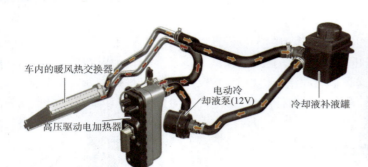

a) 加热冷却液再制暖方式　　　　　b) PTC直接加热空气的制暖方式

图 2-1-23　新能源汽车暖风加热系统

（2）车身低压电气供电的电源不同。

新能源汽车通常不再安装发电机，车载电气设备用电和 12V 蓄电池的充电都是由车辆上的动力蓄电池（高压蓄电池）来提供的。例如，纯电动汽车在运行过程中，动力蓄电池通过一个 DC/DC 变换器，将高电压转换成 12V 低压为蓄电池和车载电器提供 12V 电源，如图 2-1-24 所示。

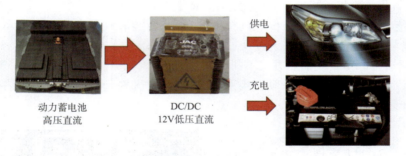

图 2-1-24　纯电动汽车车载 12V 充电系统

（3）补充能源的形式不同。

如果是纯电动汽车，行驶车辆的能源主要是通过外部电网提供的电能，而如果是混合动力电动汽车，其行驶车辆的能源有来自电网的电能，也有传统汽车使用的燃油，这就不同于传统汽车仅仅是依靠燃油来驱动车辆了。图 2-1-25 所示是新能源汽车通过外部电网充电获取能源及充电的方式。

图 2-1-25　新能源汽车通过外部电网充电获取能源

任务实施

（一）工作准备

（1）防护装备：常规实训工装。
（2）车辆、台架、总成：实训中心现有新能源整车。
（3）专用工具、设备：举升机。

（二）实施步骤

本操作任务主要是识别典型的新能源汽车，并判断该新能源汽车的类型。

1. 新能源汽车外观特征识别

根据实训中心的整车，从外观上判断该汽车是传统汽车、纯电动汽车或是混合动力电动汽车。

（1）车身外部标识识别。如果是纯电动汽车，通常的车辆尾部标识有 EV 等字样，如图 2-1-26 所示。

新能源汽车外观特征识别

如果是混合动力电动汽车，通常车辆的尾部标识有 Hybrid（混合动力，图 2-1-27）或 PHEV（插电式混合动力，图 2-1-28）类字样。

图 2-1-26 纯电动汽车标识（吉利帝豪 EV450）

图 2-1-27 混合动力电动汽车标识（丰田普锐斯）

（2）充电口识别。针对纯电动汽车和插电式混合动力电动汽车，需要通过外部充电的方式来获取电能，因此可以通过充电口这个特征进行判别，如图 2-1-29 所示。

图 2-1-28 插电式混合动力电动汽车标识（欧蓝德）

图 2-1-29 新能源汽车充电口

1)纯电动汽车前机舱

打开新能源汽车前机舱盖,如果是纯电动汽车,将不再有内燃机的存在,取而代之的是驱动电机控制器,以及用于充电或者分配电能的一些控制组件,其中最直观的应该是还有很多橙色的高压电缆,如图2-1-30所示。

新能源汽车主要高压部件介绍

(1)前机舱右侧。

以比亚迪e6为例,前机舱右侧的是驱动电机控制器,如图2-1-31所示。其主要功能是根据不同的工况控制驱动电机实现正反转及功率、转矩、转速的变化。

(2)前机舱左侧。

以比亚迪e6为例,前机舱左侧的是DC/DC及空调驱动器,如图2-1-32所示。DC/DC负责将动力蓄电池316.8V的高压电转化成12V的电源供给整车用电器工作,并且在低压蓄电池亏电时给低压电池充电。空调驱动器为高压空调压缩机及PTC加热器提供高压电源。

图2-1-30 纯电动汽车前机舱特征

图2-1-31 比亚迪e6驱动电机控制器

图2-1-32 比亚迪e6 DC/DC及空调驱动器

2)混合动力电动汽车前机舱

如果是油电混合动力电动汽车,内燃机的旁边还会有橙色电缆以及用于控制电机的控制器部件。

(1)比亚迪秦前机舱。

图2-1-33所示是比亚迪秦混合动力电动汽车的前机舱。

(2)丰田普锐斯前机舱。

丰田普锐斯混合动力电动汽车前机舱的右侧金属模块是变频器,主要作用是控制交流电与直流电、高压与低压电之间的相互转换。图2-1-34所示是丰田普锐斯混合动力电动汽车的前机舱,其中橙色电缆为接连变频器的高压线束,请勿随便触摸,防止发生触电危险。

新能源汽车类型、结构特征与性能评价　项目二

图2-1-33　比亚迪秦混合动力电动汽车前机舱

图2-1-34　丰田普锐斯混合动力电动汽车前机舱

2. 举升车辆或打开行李舱观察新能源汽车的结构

1）纯电动汽车动力蓄电池位置

举升车辆,从车辆的底部可以观察到油电类新能源汽车动力蓄电池的位置。

一般情况下,纯电动汽车由于采用的动力蓄电池体积(容量)较大,因此,布置在车辆底部的较多,可以在举升车辆后直接观察到电池的位置,如图2-1-35所示。

2）混合动力电动汽车动力蓄电池位置

对于混合动力电动汽车,由于搭载的动力蓄电池体积(容量)比电动汽车小,通常被布置在行李舱前部区域,如图2-1-36所示。打开丰田普锐斯行李舱,位于行李舱内后排座位下的是全封闭式的镍氢电池。

图2-1-35　纯电动汽车的动力蓄电池的位置

3）新能源汽车底盘的其他机构

以丰田普锐斯混合动力电动汽车为例,举升车辆还可以看到底盘的其他机构。如图2-1-37所示,变频器的正下方是驱动桥,包含交流500V的电动机、发电机、行星齿轮、减速齿轮和主减速齿轮。

图2-1-36　混合汽车动力电池的位置

图2-1-37　普锐斯底盘的其他机构

3. 观察仪表区域认识新能源汽车仪表的特点

纯电动汽车的仪表上不再有发动机转速表,取而代之的一般是电机的输出功率表;混合动力电动汽车虽然保留了转速表,但是仪表上通常还会增加有一些特殊的具有混合动力标识的指示。

> 💡 **注意：**
> 混合动力电动汽车或纯电动汽车，在起动车辆时，不再像传统内燃机汽车那样有发动机的振动和声响。确认车辆已经处于起动状态下的主要依据是仪表中的 Ready 或 OK 指示灯点亮。在 Ready 或 OK 指示灯点亮前提下，将挡位从 P 挡移出前务必确认车辆运行方向没有行人和障碍物。如图 2-1-38 所示是纯电动汽车仪表，图 2-1-39 所示是混合动力电动汽车仪表。

图 2-1-38　纯电动汽车仪表

图 2-1-39　混合动力电动汽车仪表

学习测试

1. 填空题

（1）电动类型的新能源汽车从动力结构的角度可以分为＿＿＿＿汽车和＿＿＿＿汽车，同时也包括燃料电池电动汽车及其他电动类汽车。

（2）纯电动汽车是全部采用＿＿＿＿驱动的汽车，利用＿＿＿＿来驱动车辆。

（3）按照燃料种类的不同，主要又可以分为＿＿＿＿混合动力和＿＿＿＿混合动力两种。

（4）纯电动汽车和大多数的混合动力电动汽车是利用＿＿＿＿的方式来产生暖风。

（5）燃料电池电动汽车是指以氢气、甲醇等为燃料，通过＿＿＿＿产生电流，依靠＿＿＿＿驱动的汽车。

2. 判断题

（1）氢气汽车就是氢燃料电池电动汽车。　　　　　　　　　　　　　　（　　）

（2）电动汽车就是指纯电动汽车。　　　　　　　　　　　　　　　　　（　　）

（3）目前市场上的混合动力电动汽车一般是油电混合动力电动汽车。　　（　　）

（4）纯电动汽车的灯光等系统都直接采用动力蓄电池的高压电。　　　　（　　）

（5）新能源汽车不再装备变速器。　　　　　　　　　　　　　　　　　（　　）

3. 单项选择题

（1）插电式混合动力电动汽车简称(　　)。

A. ICE　　　　　　B. HEV　　　　　　C. PHEV　　　　　　D. BEV

(2)以下不全部采用纯电驱动汽车的类型是(　　)。
　　A. 纯电动汽车　　　　　　　　　B. 油电混合动力电动汽车
　　C. 燃料电池电动汽车　　　　　　D. 太阳能汽车

(3)新能源汽车有一个很重要的能量利用方式就是(　　)。
　　A. 电动空调压缩机　　　　　　　B. 制动能量回收
　　C. 自动起停　　　　　　　　　　D. 高压电池

(4)纯电动汽车采用的暖风加热系统是(　　)
　　A. 利用高电压加热冷却液或空气的制暖方式
　　B. 利用驱动电机产生热量加热进风空气制暖方式
　　C. 发动机冷却系统加热
　　D. 不采用暖风

(5)丰田普锐斯的动力蓄电池位于(　　)。
　　A. 前机舱　　　　B. 行李舱　　　　C. 仪表板下方　　　　D. 车辆底部

任务2　新能源汽车参数与性能评价认知

提出任务

你的亲友想买一辆新能源汽车,找你咨询,他是个上班族、工资不是很高,主要的用途是上下班用,偶尔开车到郊区度假,你能正确对比市场上的新能源汽车,并给予他合理的建议吗?

任务要求

知识要求

1. 能描述新能源汽车的评价参数;
2. 能描述国外新能源汽车的厂商及车型特点;
3. 能描述国内新能源汽车的厂商及车型特点。

能力要求

1. 能够正确识别新能源汽车主要标识与标牌;
2. 能够根据新能源汽车的性能参数正确分析和对比。

素质要求

1. 培养良好的职业道德和工匠精神；
2. 培养安全意识和团队协作精神；
3. 培养自我管理和自主学习能力。

相关知识

1. 新能源汽车参数与性能评价

传统汽车的性能参数包括：动力性、燃油经济性、制动性、操控稳定性、平顺性以及通过性等。对于新能源汽车，又该如何去正确评价其性能呢？

实际上，新能源汽车是传统汽车与新能源的组合，因此，在评价新能源汽车时还是参考传统汽车的参数来进行科学的评定，区别是有些评定参数的实验方法会根据新能源汽车的特性进行了修订。

同时，对新能源汽车的性能评价还会结合市场上用户的习惯性认知来评价。这些评价参数包括续驶（续航）里程、驱动功率、充电时间、百公里耗电量以及使用的方便性（图2-2-1）等。

新能源汽车参数

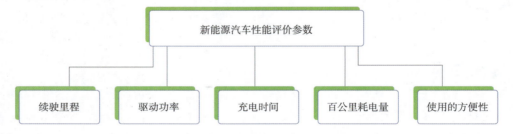

图2-2-1 新能源汽车性能评价参数

例如，吉利帝豪EV450纯电动汽车（图2-2-2）新能源相关的性能参数如表2-2-1所示。如图2-2-3所示是新能源汽车性能评价参数及视频。

图2-2-2 帝豪EV450纯电动汽车

图2-2-3 新能源汽车参数

新能源汽车类型、结构特征与性能评价 项目二

吉利帝豪 EV450 性能参数表 表 2-2-1

基本性能参数	参 数 数 值
驱动电机最大功率	120kW
驱动电机最大转矩	250N·m
动力蓄电池容量	52kW·h
综合续驶里程	400km
普通充电时间（慢充）	9h 充满
快速充电时间	30min 充到 80%
百公里耗电量（kW·h/100km）	根据使用情况

1）续驶里程

续驶里程也称"续航里程"，续驶里程关系着用户的使用经济利益，也关系着整车的技术性能。

对于纯电动汽车，续驶里程是指从充满电的状态下到实验结束时所行驶的距离，以千米（km）作为单位。对于混合动力电动汽车，续驶里程会分成纯电动行驶里程和燃油行驶里程。例如，上汽荣威 e550 混合动力电动汽车（图 2-2-4）的纯电动行驶里程为 56km。纯电动行驶里程越大的混合动力电动汽车被认为是性能更加优越的。我国目前对混合动力电动汽车的补贴也是以纯电动行驶里程为基准的。

影响续驶里程的除了外部因素，如道路状况、交通拥堵、气候环境、驾驶习惯等外，内部因素主要是动力蓄电池容量（能量）与技术性能，还包括车辆本身的质量以及对能量的利用率等。

图 2-2-4　荣威 e550 混合动力电动汽车

例如，吉利帝豪 EV450 纯电动汽车动力蓄电池容量是 52kW·h，可以根据使用情况计算续驶里程。

> **提示：**
>
> 在新能源汽车中，一般利用 kWh 这个单位来衡量动力蓄电池容量的大小。kWh 这个单位也就是日常生活中常说的"度"，比如 10kWh 就是指 10 度电。根据实际生活经验，10 度电就是 100W 灯泡点亮 100h 的能量。
>
> 衡量新能源汽车时，如果一辆电动汽车动力蓄电池容量标注了 24kWh，就可以粗略判断它可以给车辆提供约 200km 的续驶里程（一般的纯电动汽车百公里电耗在 13～15kWh 左右）。

2）驱动功率

驱动功率是衡量新能源汽车动力性的重要指标，直接影响到汽车的加速性能和最高车

速。纯电动汽车的驱动功率唯一的来源就是驱动电机;而混合动力电动汽车的驱动功率在纯电动行驶模式下,是由电机来提供的,在混合动力驱动模式下一般是内燃机与电机的组合。

驱动电机的参数关系到汽车的动力性能,电机输出功率的大小类似于传统汽车内燃机的输出功率。输出功率越大,车辆行驶的最高车速越高;输出转矩越大,加速性能越好。例如吉利帝豪 EV450 纯电动汽车的驱动电机功率达到了 120kW,输出的转矩达到 250N·m。

3) 充电时间

纯电动汽车及插电式混合动力电动汽车的充电时间,是指采用指定的方式,对动力蓄电池的电量处于最低状态下,充满电所需要的时长。充电时间的长短影响消费者对购买新能源汽车车型的选择。

充电时间的长短与很多因素有关,包括动力蓄电池容量、充电方式,以及充电时的环境因素等。根据目前的技术状况,大多数纯电动汽车快充(直流电)需要 20~30min 可充 50%,1~1.5h 就充满了,慢充(交流电)则需要 6~12h 左右。

例如吉利帝豪 EV450 纯电动汽车的慢充模式 9h 能充满电,快充模式 30min 可充到 80%。

4) 百公里耗电量

传统燃油汽车的用户需要支付燃油的费用,而电动汽车需要支付充电的费用。相对于传统汽车的百公里油耗而言,新能源汽车(电动汽车)涉及百公里耗电量。一般情况下,纯电动汽车百公里电耗在 13~15kWh 左右,其中:主驱动系统(电机)损耗约占 75.15%,其他的电量损耗包括辅助电气损耗、机械摩擦损耗、电池内阻损耗等。

新能源汽车相比传统燃油汽车,最大优势就是使用成本的降低。例如,以福克斯和北汽新能源 EV200 为例对比燃油车与电动汽车在用车成本方面的差异。按照一年 2 万 km 的行驶里程计算,计算的费用如下:

油费:以福克斯 2014 款两厢经典 1.8L 手动酷白典藏版为例,该车百公里工况油耗为 8.3L,以北京 95 号汽油 7.57 元/L 的价格计算:

油费 = 行驶里程 ÷ 100 × 百公里油耗 × 燃油价格

最后算出福克斯 2014 款两厢经典 1.8L 手动酷白典藏版 2 万 km 的燃油总支出 = 20000 ÷ 100 × 8.3 × 7.57 = 12566(元)。

按照工业用电平均一度电约 0.8 元/kWh,北汽 EV200 百公里耗电量 14.5kWh 计算:

电费 = 行驶里程 ÷ 100 × 百公里耗电量 × 电价

最后算出北汽 EV200 一年的电费总支出 = 20000 ÷ 100 × 14.5 × 0.8 = 2320(元)。

两者费用上相差了近 1 万元。因此,百公里电耗越低的车辆,其经济性也就越好。

5) 使用的方便性

使用的方便性指的是汽车与外部的互联性能,例如充电是否方便,以及车载影音系统、遥控门锁、导航系统等使用的便捷性等。由于新能源汽车电控系统技术应用比传统汽车更广泛,因此除了充电外,使用的方便性比传统汽车更加优越。

2. 新能源汽车主要生产厂商及代表车型

世界各国的汽车生产厂商都陆续推出新能源汽车,以下列举目前国外和国内新能源汽车生产厂商及代表车型。由于新能源汽车厂家车型更新速度较快,请参照汽车厂商及其他媒体发布的最新信息。

1) 国外新能源汽车主要生产厂商及代表车型

表 2-2-2 列举目前国外部分新能源汽车主要生产厂商及代表车型。

国外主要新能源汽车生产商及代表车型　　　　表 2-2-2

序号	生产厂商	品牌/车型	产品类型
1	特斯拉	Model 3/S/X/Y	纯电动汽车
2	宝马	i3/i8/530e	纯电动汽车
3	大众	Id.3	纯电动汽车
4	奥迪	e-tron	纯电动汽车
5	保时捷	Taycan	纯电动汽车
6	通用	Volt EV/PHEV	纯电动/混合动力电动汽车
7	丰田	PRIUS/CAMRY/RAV4	混合动力电动汽车
8	雷克萨斯	CT200h/GS450h/RX450h/ES300h	混合动力
9	沃尔沃	XC60 PHEV	混合动力电动汽车
10	雷诺	Zoe	纯电动汽车

2) 国内新能源汽车主要生产厂商及代表车型

目前国内许多合资合作汽车制造企业、自主品牌汽车制造企业都在大力研发新能源汽车。

表 2-2-3 列举目前国内部分新能源汽车主要生产厂商及代表车型。

国内主要新能源汽车生产商及代表车型　　　　表 2-2-3

序号	生产厂商	品牌/车型	产品类型
1	北汽新能源	E150EV/EV160/EV200/EC180/EU5/EU7/EU260/EX3/EX260	纯电动汽车
2	比亚迪	e2/e3/e5/e6/秦 Pro EV/汉 EV/唐 EV/元 EV/宋 Pro EV	纯电动汽车
2	比亚迪	秦	混合动力电动汽车
3	上汽荣威	E50/Ei5/RX5EV	纯电动汽车
3	上汽荣威	e550/e950/ie6/eRX5	混合动力电动汽车
4	吉利汽车	EV300/EV450/EV500	纯电动汽车
4	吉利汽车	帝豪 HEV	混合动力电动汽车
4	吉利汽车	几何 A	纯电动汽车

续上表

序 号	生产厂商	品牌/车型	产品类型
5	东风	风神 E70EV/启辰 D60EV	纯电动汽车
6	东风日产	聆风	纯电动汽车
7	长安汽车	逸动 EV/Benni EV	纯电动汽车
8	奇瑞汽车	eQ	纯电动汽车
9	广汽丰田	iA5	纯电动汽车
10	江淮汽车	iEVs4/iEV7s/ic5	纯电动汽车
11	北京现代	KonaEV	纯电动汽车
12	东风起亚	Niro EV	纯电动汽车
13	广汽新能源	Aion LX/S	纯电动汽车
14	长城	欧拉黑猫	纯电动汽车
15	柳州五菱	宏光 MINI EV	纯电动汽车
16	蔚来汽车	ES6/ES8	纯电动汽车
17	小鹏汽车	P7/G3	纯电动汽车
18	威马汽车	EX5/EX6	纯电动汽车
19	哪吒汽车	U	纯电动汽车
20	理想汽车	ONE EREV	增程式混合动力电动汽车

3）常见的新能源汽车及特点介绍

以下介绍常见的国内外新能源汽车车型及特点。

（1）特斯拉（TESLA）纯电动汽车。

特斯拉汽车公司（Tesla Motors）是美国一家产销电动车的公司，由斯坦福大学硕士辍学生伊隆·马斯克与硕士毕业生 JB Straubel 于 2003 年成立，总部设在美国加州的硅谷地带。

特斯拉汽车公司以电气工程师和物理学家尼古拉·特斯拉命名，专门生产纯电动汽车，生产的主要车型包含 Tesla Roadster、Tesla Model S、X 和 Y。特斯拉汽车公司是世界上第一个采用锂离子电池的电动汽车公司，其推出的首辆电动车为 Roadster。

2012 年的 4 月 22 日特斯拉正式进入中国，并已经在上海建设了工厂。值得一提的是，特斯拉还开启了一种全新的交付模式——特意到家。即在满足条件、双方同意的情况下，由特斯拉员工将新车直接送到消费者指定的接车地点。

特斯拉 Model S（图 2-2-5）拥有独一无二的底盘、车身、动力系统以及能量储备系统，具有

图 2-2-5 特斯拉 Model S 纯电动汽车

自动驾驶、智能空气悬架、车载双充电器等特色。Model S 配置不同的动力蓄电池的性能见表 2-2-4。Model S 的标准充电配备为车载充电器和一个 40A 的单相壁挂式连接器。根据电源,可实现每小时充电行驶里程长达 50km 左右的充电率。

特斯拉技术参数　　　　　　表 2-2-4

配置动力蓄电池（kwh）	输出功率（kW）	续驶里程（转速）（km）	加速时间（0~100km）（s）	最高车速（km/h）
60	283	345(105km/h)	6.2	190
80	283	460(105km/h)	5.6	225

特斯拉 Model X 采用双电机全车轮驱动的标准配备,如图 2-2-6 所示。第二个电机能够使汽车在各种气象和路面条件下都获得更加强劲的转矩和牵引力。Model X Performance 从 0 加速到 96km/h 用时不到 5s,超越最快的 SUV 和许多跑车。

a) 后轮驱动　　　　　　　　　　　　　　b) 双电机全轮驱动

图 2-2-6　特斯拉电动汽车的两种驱动形式

(2)丰田普锐斯混合动力电动汽车。

1997 年,丰田(TOYOTA)油电混合动力电动汽车普锐斯(PRIUS)的问世掀开了混合动力电动汽车的序幕。新一代普锐斯(图 2-2-7)已经成为领导新时代潮流的混合动力电动汽车的典范。据统计,普锐斯在全球范围内已累计销售超过 40 万辆。

图 2-2-7　普锐斯混合动力电动汽车

丰田 THS(Toyota Hybrid System)系统是典型的混联式混合动力系统,至今已发展到第二代。最早被用于 1997 年 10 月发布的第一代普锐斯上。THS Ⅱ 的主要总成全部由丰田汽车公司自主开发。通过对电源系统、驱动电机、发电机、电池组等的革新,全面提升了系统性能。系统构成包括:两个动力源(采用高膨胀比循环的高效汽油发动机和输出功率提升至 1.5 倍的永磁式交流同步电动机)及其驱动电机、发电机、内置动力分离装置的混合动力用变速器、混合动力用高性能镍氢电池组、动力控制总成。

THS Ⅱ 的工作状态与人们所熟悉的将汽油发动机作为动力提供装置的普通汽车不同,普锐斯的动力由两部分组成,除了发动机外还多出了电动机(永磁式同步交流电动机)和混合动力车专用蓄电池(密封镍氢电池),这样蓄电池的电力也可以为车辆提供部分动力,达到节省燃油的目的。

在普锐斯的整个行驶过程中到底是用发动机还是用电机来驱动汽车需要根据车辆的行驶状态来决定,发动机只有在普通行驶和全面加速的两个阶段中运转,消耗燃料,而在减速制动阶段由车轮来驱动电机,将车辆制动能量转换成电能并进行回收将被再次利用。

普锐斯(PRIUS)作为世界首款量产的混合动力车,改变了人们基于传统汽车的评判标准。通过 TOYOTA 油电混合动力系统将汽油发动机与电动机进行组合,在达成高水平的燃油经济性和环保性能的前提下,实现了出色的动力性,并创造了舒畅的驾驶乐趣和良好的静谧性。在城市工况下,排量为 1.5L 的 PRIUS 达到了相当于 2.0L 传统车型的动力性能;而油耗仅相当于 1.0L 的传统车型。

(3)比亚迪 e6 纯电动汽车、比亚迪秦混合动力电动汽车。

① 比亚迪 e6 纯电动汽车。比亚迪 e6(图 2-2-8)是比亚迪自主研发的一款纯电动跨界车,它兼容了 SUV 和 MPV 的设计理念,是一款性能良好的跨界车。

e6 最大的亮点是采用电力驱动。其动力蓄电池和启动电池均采用比亚迪自主研发生产的 ET-POWER 铁电池,不会对环境造成任何危害,其含有的所有化学物质均可在自然界中被环境以无害的方式分解吸收,能够很好地解决二次回收等环保问题,是绿色环保的电池。铁电池经过高温、高压、撞击等试验测试,安全性能非常好,短路爆炸概率小。在能量补充方面,e6 可使用 220V 民用电源慢充,快充为 3C 充电,15min 可充满电池约 80%。纯电动汽车 e6 已通过国家强制碰撞试验,比亚迪做了大量测试,包括 8 万~10 万 km 道路耐久试验,以及在软件控制等方面都有了很大的改进。

比亚迪 e6 最高车速可达 160km/h,续驶里程超过 300km,行驶耗电费用只相当于燃油车 1/4~1/3。

② 比亚迪秦混合动力电动汽车。比亚迪秦(图 2-2-9)是比亚迪公司自主研发的 DM 二代(在纯电动和混合动力两种模式间进行切换)的高性能三厢轿车。比亚迪秦自 2012 年北京车展推出后,一直广受用户欢迎。

图 2-2-8　比亚迪 e6 纯电动汽车　　　　　　图 2-2-9　比亚迪秦混合动力电动汽车

动力方面,比亚迪秦采用 DM 双模混动系统配置高效强劲的 TID 总成、高转速电机、集成式电机控制器、更安全的铁电池等,实现了更强的动力性能和更优的经济性能。

比亚迪秦搭载一台 1.5T 发动机和驱动电机组成的插电式混动系统,其综合最大输出功率为217kW,峰值转矩479N·m。电池组的容量为13kW·h,在纯电动状态下的最大续驶里程为70km。

混合动力模式下0~100km/h加速时间仅为5.9s,最高时速可达185km,百公里综合油耗仅2L。比亚迪秦在纯电状态下可连续驶70km,满足日常代步需求,长途旅行电量耗完后也可用1.5TID动力总成单独驱动,突破了新能源汽车续驶里程不足的瓶颈。

(4)荣威E50纯电动汽车、E550混合动力电动汽车。

①荣威E50纯电动汽车。荣威E50纯电动汽车(图2-2-10),由上汽集团历时3年自主研发。荣威E50纯电动汽车搭载了高性能的电驱动力及电控系统,其中包括磷酸铁锂高压电池系统、完全自主研发的永磁同步驱动电机、整车热管理系统、电动助力转向系统、电机控制器、车载高压充电器、电动空调压缩机、制动能量回收控制等具有高技术含量的核心部件。

荣威E50纯电动汽车的最大续驶里程达到180km,0~50km/h加速时间5.3s,百公里加速时间为14.6s,该电池总能量为18kW·h时,具有快充和慢充两种充电模式,一次充电后,荣威E50在城市工况下的续驶里程在120km以上。

荣威E50的充电方式有慢充和快充两种。慢充:充电接口的结构采用国家统一标准,可以直接采用220V 16A普通家用电源插座进行充电,也可以采用充电桩对车辆进行充电。快充:充电口的设计满足额定电流为180A充电能力,符合国家标准的尺寸、物理结构等方面的要求。可在30min内将电池充80%。

荣威E50是国内第一个使用电子驻车制动器的微型汽车,配载的人性化SMART HOLD电子驻车制动器系统,具备自动释放、熄火拔出钥匙后可自动驻车,坡道辅助起步等功能;在行车制动器失灵时可作为紧急制动使用,通过先进科技避免抱死滑移,从而提升行车安全。

②荣威E550混合动力电动汽车。荣威E550混动版(图2-2-11),采用上汽自主研发的插电式混合动力系统,燃油动力方面使用的是一台1.5VCT发动机。

图2-2-10 荣威E50纯电动汽车

图2-2-11 荣威E550混合动力电动汽车

动力方面,荣威E550驱动电机能提供147kW的最大功率与599N·m的峰值转矩。动力单元百公里加速时间由10.5s缩短至9.5s,动力提升明显。

荣威E550在纯电动行驶下,续驶里程能够达到60km,综合续驶里程达500km,较长的续驶里程也是插电式混合动力车型的优势所在。值得一提的是,荣威的动力蓄电池获得美国 UL 2580 安全认证,并且厂家给电池提供长达 8 年 16 万 km 的衰减承诺,保证 8 年或行驶 16 万 km 后电池的衰减不超过 30%。

(5)北汽新能源纯电动汽车。

北京新能源汽车股份有限公司(简称"北汽新能源")是由世界 500 强企业北京汽车集团有限公司发起并控股,联合北京工业发展投资管理有限公司、北京国有资本经营管理中心、北京电子控股有限责任公司共同设立的新能源汽车产业发展平台,是目前国内纯电动汽车市场占有率最大、规模最大、产业链最完整的新能源汽车企业。北汽新能源主要推出的车型有 E150EV、EV160、EV200、EU260、ES210 等。

北汽 EV200(图 2-2-12),是北汽新能源于 2014 年底推出的一款纯电动汽车,是一款集动感时尚、超强性能、科技配置、贴身安全、健康环保五大亮点为一体的一款精品自主 A0 级轿车。

北汽 EV200 具有动感时尚、超强性能、科技配置、全面安全、健康环保等特点,其中最厉害的"杀手锏"当属其超长的续驶能力,综合路况下续驶里程可超 200km,经济时速下续驶里程可达 260km。即使是在北京这样的超大城市,该续驶能力也完全能满足任何日常出行。该款车型于 2015 年 3 月 20 日上市,上市短短半年时间,便在业界赢得良好口碑,因销售火爆,一度被媒体称为"一车难求"。

图 2-2-12 北汽新能源 EV200

任务实施

(一)工作准备

(1)防护装备:常规实训工装。

(2)车辆、台架、总成:荣威 E50、比亚迪 e6、北汽新能源汽车(或其他新能源汽车)。

(二)实施步骤

本操作任务主要是能够检索目前市场上新能源汽车的厂商和代表车型,识别并能分析对比这些车型的性能特点。

1. 新能源汽车的主要标识位置查找与内容识别

汽车标识是表明车辆身份的重要依据,如生产厂家、车型、发动机功率、装载质量、整车、出厂编号等。标识信息的作用是便于销售者、使用者、维修人员、交通管理部门识别车辆的信息。按我国国家规定,新车登记和年度检验时,都要检查这些标志。

新能源汽车类型、结构特征与性能评价 项目二

新能源汽车车辆标识包括车辆识别代号(VIN)、变速器代号、驱动电机代号、车辆标牌(铭牌)等。其在车辆上的位置如图 2-2-13 所示(以上汽荣威 E50 为例,其他车型可供参考)。

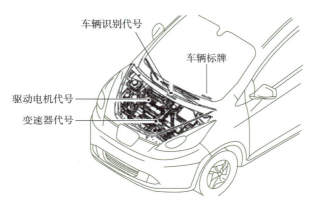

新能源汽车铭牌介绍

图 2-2-13 新能源汽车主要标识位置(荣威 E50)

1)车辆识别代号

即 VIN 码,也称"17 位编码",相当于这辆汽车的"身份证"。VIN 码位于风窗玻璃左下角的仪表板上,透过风窗玻璃左下角,可以清楚地看到。图 2-2-14 所示是荣威 E50 的 VIN 码。

图 2-2-14 荣威 E50 的 VIN 码

> 💡 提示:
>
> 汽车的车辆识别代号都有好几个位置,你能在实训车辆的其他位置找到这个代号吗?

2)变速器代号

荣威 E50 变速器代号位于变速器前壳体后下部,标示了该车辆变速器的类型,如无级变速器等。图 2-2-15 所示是荣威 E50 的变速器代号位置。

3)驱动电机代号

荣威 E50 驱动电机代号位于驱动电机壳体底部。通过该电机代号,可以从厂方指定的资料手册中查找出该车辆的电机类型、适用的电压以及主要的电机参数。图 2-2-16 所示是

荣威 E50 的驱动电机代号位置。

图 2-2-15　变速器代号位置(荣威 E50)　　图 2-2-16　驱动电机代号位置(荣威 E50)

4) 车辆标牌

车辆标牌粘贴在右侧车门后框上。车辆标牌包含的信息有车辆型号、乘坐人数、制造年月、制造国、驱动电机功率等。图 2-2-17 所示是荣威 E50 的车辆标牌信息。

此外，在有些车辆上还利用标牌标识有动力系统控制模块的信息，图 2-2-18 所示是比亚迪 e6 纯电动汽车电机控制器标牌位置。图 2-2-19 所示是北汽新能源纯电动汽车驱动电机与控制器标牌的位置。

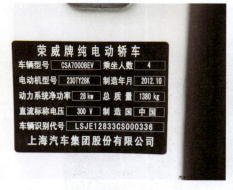 

图 2-2-17　车辆标牌信息(荣威 E50)　　图 2-2-18　比亚迪 e6 电机控制器标牌位置

a) 驱动电机控制器　　　　　　　　　　b) 驱动电机

图 2-2-19　北汽新能源 E150 驱动电机与控制器标牌位置

2. 利用计算机或移动终端检索资料

检索关键词"厂商名称(如比亚迪)""纯电动汽车""混合动力电动汽车",并记录主流新能源汽车厂商的代表车型等信息。

3. 评价车型

1) 检索资料

对江淮、北汽、东风日产三款新能源汽车的性能参数进行对比,并最后给出一个合理的评价。

评价背景:用户 A 住在上海城区,月均收入 8000 元,目前从驻地到上班的地点距离是 20km。现结合 A 的情况,针对下面三款车辆,给出一个最合适的购买车型选择,并说明其理由。

2) 参考信息资料

(1) 国家及地方补贴信息。

国家及地方补贴标准见表 2-2-5。

三款纯电动车价格对比(万元)　　　　　　　　　　表 2-2-5

车　型	官方指导价	国家/地方补贴	补贴后售价
江淮 ievS	16.98 ~ 18.08	4.5/4.5	7.98 ~ 9.08
北汽 EV200	20.89 ~ 24.69	4.5/4.5	11.89 ~ 15.69
东风日产启辰晨风	26.78 ~ 28.18	4.5/4.5	17.78 ~ 19.18

江淮 ievS 是一款 4 门 5 座三厢小型车,车身尺寸为 4320mm×1710mm×1515mm,轴距为 2490mm,行李舱容积达 410mm³,作为一款小型车来说,江淮 ievS 的存储空间比紧凑型家用轿车都还要大。

北汽 EV200 目前官方指导价为 20.89 万 ~ 24.69 万元,可获得国家和地方共计 9 万元的补贴,补贴后价格为 11.89 万 ~ 15.69 万元。同为小型电动汽车,北汽 EV200 比江淮 ievS 贵 3.91 万 ~ 6.61 万元左右,但其销量比江淮 ievS 高。

东风日产启辰晨风是一款紧凑型电动汽车,官方指导价为 26.78 万 ~ 28.18 万元,该车可获得国家和地方共计 9 万元的补贴,补贴后价格为 17.98 万 ~ 19.18 万元,比江淮 ievS 贵 10 万元,比北汽 EV200 高 6.09 万元,由于价格偏高,所以晨风销量远远落后于北汽 EV200 跟江淮 ievS。

(2) 参数信息。

江淮 ievS 搭载了一台最大功率 50kW、功率 25kW 的电动机,其峰值转矩达 215N·m。而且得益于发动机起动即可爆发出最大转矩的特性,最高车速为 120km/h,百公里实测加速为 14.68s,最大续驶里程 240km。

北汽 EV200 是 E150EV 的换代产品,源于北汽 A 级平台,搭载一台最大功率 53kW 的电动机,其峰值转矩为 180N·m。传动方面,与发动机匹配的是电动车单速变速器。它在 0 ~ 50km/h 的起步加速仅需 5.3s,百公里加速需 13s,最高车速为 125km/h,最大续驶里程 245km。

东风日产启辰晨风搭载一台最大输出功率 109kW 的电动机,采用 EM61 电机前轮驱动模式,动力源来自超薄型高性能锂离子电池组,最大输出功率 80kW,峰值转矩 254N·m,最高车速为 144km/h。充满电后该车可连续行驶 175km 左右。

(3)充电时间。

江淮 iev5 可以使用国家电网充电桩和家庭 220V 三针插口这两种充电方式,其中快速充电时间为 2.5h,而慢充则需要 8h 来完成。

北汽 EV200 在 220V 家用电源可随插随充,6~8h 即可充满;如果使用快充桩,EV200 充电 30min 可充到电池满量的 80%。

东风日产启辰晨风慢充模式使用 220V 普通电源充电,4h 可以将动力蓄电池完全充满;而在快充模式下,充电 30min 就可以达到电池量的 80%,假如消费者的时间有限,充电 3min,车辆也能持续行驶约 30km、5min 可持续行驶约 60km。

学习测试

1. 填空题

(1)新能源汽车的性能评价参数包括_____、_____、_____、_____以及使用的方便性。

(2)纯电动汽车的续驶里程是指从_____的状态下到实验结束时所_____,以千米(km)作为单位。

(3)我们国家目前对新能源汽车混合动力的补贴也是以_____为基准的。

(4)驱动功率是衡量新能源汽车动力性的重要指标,直接影响到汽车的_____和_____。

(5)新能源汽车充电时间是指采用指定的方式,对电池电量处于_____状态下,进行_____所需要的时长。

2. 判断题

(1)续驶里程是新能源汽车首要的参数。   (   )
(2)新能源汽车车辆识别代号(VIN 码)的位置与传统汽车不同。   (   )
(3)在纯电动汽车中,利用动力蓄电池电压衡量电池容量的大小。   (   )
(4)比亚迪 e6 采用的动力蓄电池和起动电池与其他车型一致。   (   )
(5)纯电动汽车的充电时间是相对固定的。   (   )

3. 单项选择题

(1)下列用于判断动力蓄电池容量的单位是?(   )
　　A. kWh　　　　　　　　　　　　B. V
　　C. kW　　　　　　　　　　　　　D. N·m

(2)影响续驶里程的除了外部因素外,内部因素最主要是(   )与技术性能。
　　A. 驱动电机输出功率　　　　　　B. 动力蓄电池容量(能量)
　　C. 车辆总质量　　　　　　　　　D. 车载充电机的功率

(3) 充电时间的长短与很多因素有关,包括(　　)等。
　　A. 动力蓄电池容量　　　　　　　　B. 充电方式
　　C. 充电时的环境因素　　　　　　　D. 以上都是
(4) 以下车型属于混合动力电动汽车的是(　　)。
　　A. 比亚迪 e6　　　　　　　　　　 B. 荣威 E50
　　C. 荣威 E550　　　　　　　　　　 D. 北汽 EV200
(5) 一辆纯电动汽车,动力蓄电池的容量是 36kWh,城市工况下其续驶里程最接近(　　)。
　　A. 100km　　　　B. 200km　　　　C. 250km　　　　D. 300km

纯电动汽车结构原理与操控

本项目主要介绍纯电动汽车的结构、原理与操控,分为 2 个任务学习。
任务 1　纯电动汽车结构原理认知;
任务 2　纯电动汽车操控与充电。
通过以上 2 个任务的学习,了解纯电动汽车的基本结构与控制原理,并掌握如何正确操控一辆纯电动汽车及解决纯电动汽车的常见故障问题,为下一步纯电动汽车的检修学习和工作奠定基础。

任务 1　纯电动汽车结构原理认知

提出任务

当你打开纯电动汽车前机舱盖时,你能正确说出里面那些部件的名称与功能吗?你能向纯电动汽车客户解释纯电动汽车是如何运行的吗?

● 知识要求

1. 能够描述纯电动汽车的典型特征与核心技术;
2. 能够描述纯电动汽车的驱动原理与运行模式;
3. 能够描述纯电动汽车的主要类型;
4. 能够描述纯电动汽车的基本结构。

能力要求

能够正确识别典型的纯电动汽车部件位置。

素质要求

1. 培养良好的职业道德和工匠精神；
2. 培养安全意识和团队协作精神；
3. 培养自我管理和自主学习能力。

相关知识

1. 纯电动汽车的典型特征与核心技术

纯电动汽车指的是采用动力蓄电池作为驱动能源，使用电机驱动车辆行驶的汽车，其英文缩写为 EV（Electric Vehicle）。由于纯电动汽车的主要驱动能源是动力蓄电池，因此也可缩写为 BEV（Battery Electric Vehicle）。

1）纯电动汽车的典型特征

纯电动汽车与传统汽车相比，有以下典型特征：

（1）取消了内燃机，改用动力蓄电池加电机的方式来驱动汽车。

（2）不再需要加注燃油，改用外部电网对车辆充电来提供车辆行驶的能源。

（3）延续使用传统汽车的大部分系统或部件，如转向系统、车身电器等。

2）纯电动汽车的核心技术

纯电动汽车的推广和发展应具备动力蓄电池及管理系统技术、驱动电机及其控制技术、整车控制技术以及能量管理技术4个方面的核心技术。其他关键技术还有：驱动电机额定转速及最高转速的选择、驱动电机额定电压的选择、纯电动汽车传动系的参数匹配及辅助系统的主要结构等。

（1）动力蓄电池及管理系统技术。

纯电动汽车上使用的动力蓄电池（车载电源）发展经过了3代。

第1代是铅酸电池。技术成熟，成本低，但比能量和比功率低，不能满足纯电动汽车续驶里程和动力性能的需求。由于铅酸电池对于环境造成污染比较严重，因此用铅酸电池作为动力蓄电池的车辆不列入新能源汽车的车型目录。

第2代是高能电池。主要有镍镉（NJ-Cd）、镍氢（Ni-MH）、钠硫（Na/S）、锂离子（Li-ion）和锌空气（Zn/Air）等多种电池，其比能量和比功率都比铅酸电池高，因此大大提高了纯电动汽车的动力性能和续驶里程，但价格比铅酸电池高。有些高能电池需要复杂的电池管理系统和温度控制系统，各种电池对充电技术有不同要求，电化学电池中的活性物质在使用一定期限后会老化，降低功能直至报废，从而使纯电动汽车的制造及使用成本高。

第3代是飞轮电池与超级电容器。飞轮电池是"机械能—化学能—机械能"转换的电池，超级电容是"电能—电位能—电能"转换的电池，这两种储能器在理论上具有很强的转换能力，而且充电和放电方便迅速，但目前还处于研制阶段，一些关键技术还有待突破。

目前新能源汽车上采用的动力蓄电池绝大部分是镍氢电池（混合动力电动汽车采用）、锂电池（纯电动汽车采用，包括磷酸铁锂和三元锂电池）。三元锂电池是指正极材料使用镍钴锰酸锂[$Li(NiCoMn)O_2$]三元复合正极材料的锂电池，镍钴锰的比例可以根据实际需要调整。三元锂电池的特点是能量密度大（能量密度达到240Wh/kg，是磷酸铁锂电池的1.7倍），同样重量的电池组电池容量更大。但其缺点在于稳定性较差，如果内部短路或正极材料遇水，都会有明火产生。在极端碰撞事故中，存在起火隐患。

真正"零污染"的动力蓄电池是燃料电池。燃料电池内发生的化学反应与水的电解过程刚好相反。电解是通过施加电流将水分解成氢和氧的过程，在电解时需要消耗能量。燃料电池的类型很多，最合适汽车使用的燃料电池是PEM电池，也称为质子交换膜电池。PEM燃料电池必须用氢作为能源，可以是直接存储在车辆上的氢，或者是由另一种燃料生成的氢。

动力蓄电池除了提供高压直流电使驱动电机等高压部件工作外，还通过DC/DC变换器，供应12V电源，并储存到低压蓄电池，作为仪表、照明和信号的工作电源。

动力蓄电池管理系统对动力蓄电池组充电、放电时的电流、电压、放电深度、再生制动反馈电流、电池温度等进行控制。个别单体电池（电池单元）性能变化后，会影响整个电池组的工作性能，所以需要电池管理系统对整个电池组和单个电池进行监控，保持各个单体电池的一致性。动力蓄电池必须进行周期性的充电。因此，高效率和高速度充电设备，是电动汽车必需的辅助设备。可采用地面充电桩充电和车载充电机等充电设备对动力蓄电池进行充电。

（2）驱动电机及其控制技术。

纯电动汽车是利用电机将电能转换为机械能来实现驱动的。驱动电机与驱动系统是纯电动汽车的关键部件，要使纯电动汽车有良好的使用性能，驱动电机应具有调速范围宽、转速高、起动转矩大、体积小、质量小、效率高且有动态制动强和能量回馈等特性。

电机的种类很多，目前，纯电动汽车所用电机主要有直流电机（DCM）、感应电机（IM）、永磁无刷电机（PMBLM）和开关磁阻电机（SRM）等。对于不同的电机，采用的控制理论不同，控制方法也不同，但都是控制电动机的转速与旋转方向。电机控制主要采用脉冲宽度调节（PWM）、变频变压调节（VVVF）、矢量控制调节（VC）和直流控制调节（DSC）等方法来控制。

再生制动（制动能量回收）是纯电动汽车节能的重要措施，制动时电机可实现再生制动，一般可回收10%~15%的能量，有利于延长纯电动汽车的续驶里程。在纯电动汽车中还保留了常规制动系统和ABS制动系统，以保证在紧急情况下的制动性能。

（3）整车控制技术。

纯电动汽车的整车控制系统主要是对动力蓄电池组、驱动电机以及辅助系统的整体控制：传感器将加速踏板和制动踏板机械位移的行程量转换为电信号，输入整车控制器（VCU），通过驱动电机控制器及其他高压部件控制驱动电动机运转；计算动力蓄电池组剩余电量和剩余续驶里程；对整车的低压电气设备进行控制；采用各种传感器、报警装置和自诊断装置，对整个动力蓄电池组、DC/DC变换器、驱动电机系统进行监控，并及时反馈信息和报警。

安全保护系统方面，动力蓄电池组具有高压直流电，必须设置安全保护系统，确保乘员、驾驶人和维修人员的安全。整车控制系统必需配备故障自诊断系统和故障报警系统,在电气系统发生故障时自动控制电动汽车不能起动等,以及防止事故的发生。

（4）能量管理技术。

动力蓄电池是纯电动汽车的储能动力源。纯电动汽车要获得良好的动力特性,必须具有比能量高、使用寿命长、比功率大的电池作为动力源。而要使电动汽车具有良好的工作性能,就必须对动力蓄电池进行系统管理。

能量管理系统是电动汽车的智能核心。一辆设计优良的电动汽车,除了具有良好的机械性能、电驱动性能、选择适当的能量源（即电池）外,还应该有一套协调各个功能部分工作的能量管理系统。其作用是检测单个电池或电池组的荷电状态,并根据各种传感信息,包括力、加减速命令、行驶路况、电池工况、环境温度等,合理地调配和使用有限的车载能量;还能够根据电池组的使用情况和充放电历史情况选择最佳充电方式,以尽可能延长电池的使用寿命。

世界各大汽车制造商的研究机构都在进行电动汽车车载电池能量管理系统的研究与开发。电动汽车电池当前存有多少电能,还能行驶多少里程,是电动汽车行驶中必须知道的重要参数,也是电动汽车能量管理系统应该完成的重要功能。应用电动汽车车载能量管理系统,可以更加准确地设计电动汽车的电能储存系统,确定一个最佳的能量存储及管理结构,并且可以提高电动汽车本身的性能。

在纯电动汽车上实现能量管理的难点,在于如何根据所采集的每块电池的电压、温度和充放电电流的历史数据,来建立一个确定每块电池还剩余多少能量的较精确的数学模型。

2. 纯电动汽车的驱动原理与运行模式

要正确使用纯电动汽车,应先具备纯电动汽车驱动原理与运行模式的知识。

1）纯电动汽车的驱动原理

传统汽车驱动车辆是依靠内燃机做功,通过变速器调节输出动力的传动比与方向,再通过传动轴和车轮实现驱动车辆。而纯电动汽车的电力驱动系统替代了传统汽车的内燃机和变速器,依靠动力蓄电池、逆变器和带电机的变速驱动单元实现车辆的驱动。

纯电动汽车动力传输工作原理如图 3-1-1 及视频所示。

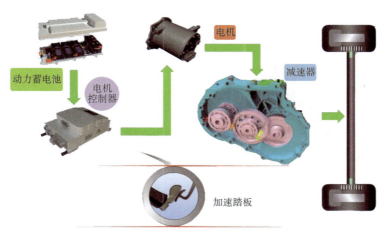

图 3-1-1　纯电动汽车动力传输工作原理

纯电动汽车能够实现在不同路况环境下,快速反应并顺利驱动车辆满足驾驶人需求,并不仅仅是依靠几个驱动部件来完成的,整个驱动系统还需要一套完善的控制模块,即整车控制器(VCU)、驱动电机控制器(MCU,与逆变器集成一体)和动力蓄电池管理系统(BMS),这三个控制器是纯电动汽车的核心技术,对整车的动力性、经济性、可靠性和安全性等有着重要影响。

纯电动汽车的主控模块是整车控制器(VCU)。纯电动汽车运行时,VCU读取换挡信息(PRND)及制动开关信号,根据加速踏板的位置信号,发送给逆变器控制电机功率、运转方向的输出。VCU不间断地利用各个传感器采集车辆状态,计算并输出期望的转矩。

如图3-1-2所示,当驾驶人踩下加速踏板时,VCU控制动力蓄电池输出电能,然后通过控制逆变器驱动电机运转,电机输出的转矩经齿轮机构带动车轮前进或后退。

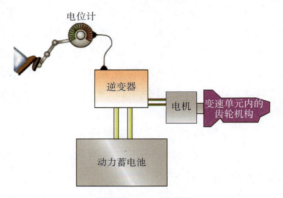

图3-1-2　纯电动汽车基本驱动系统结构示意图

2)纯电动汽车的运行模式

如图3-1-3所示,纯电动汽车运行过程中能量的流动主要有能量消耗(驱动车辆)和能量回收(减速制动)两个路径。

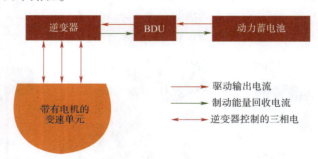

图3-1-3　纯电动汽车运行过程中能量的流动

(1)驱动车辆时的能量流动(能量消耗)。

驱动时来自动力蓄电池的能量通过电能分配单元(BDU,Battery Disconnecting Unit)、电机逆变器(驱动电机控制器),再进入电机变速驱动单元实现车辆驱动。

另外,VCU还会同时协调动力蓄电池管理系统、热管理系统和仪表显示等辅助功能。BMS随时监测电池的运行状态,并及时传送给VCU,VCU结合这些状态信息及当前的功率输出需求来平衡高压电能功率的使用,并通过仪表显示给驾驶人。例如,VCU持续计算剩余的电池能量和当前的驾驶模式,根据车辆剩余的可用电能,车辆通常也会采取相应的提示和限制措施。如图 3-1-4 是仪表显示的动力蓄电池能量状态。

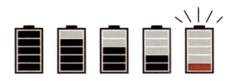

图 3-1-4　仪表显示的动力蓄电池能量状态

(2)制动减速时的能量回收。

制动或车辆减速时,变速单元内的驱动电机将变成发电机,将能量通过逆变器、BDU 传回动力蓄电池,为动力蓄电池充电。

> 💡 注意:
> 当 ABS 被激活或者 ABS 故障时,VCU 将关闭能量回收功能。

3. 纯电动汽车的主要类型

根据目前市场上有多种类型的纯电动汽车,以下根据纯电动汽车的动力源和布置形式进行分类。

1)根据纯电动汽车的动力源分类

纯电动汽车的动力传输目前有单一车载动力蓄电池和辅助动力源两种类型。

(1)用单一车载动力蓄电池作为动力源的纯电动汽车。

该类型纯电动汽车只装置了动力蓄电池,其动力传输系统如图 3-1-5 所示。

图 3-1-5　单一动力源的纯电动汽车动力传输路径

(2)装有辅助动力源的纯电动汽车。

用单一动力蓄电池作为动力源的纯电动汽车,会存在电池的效率较低,电池组的质量和体积较大。因此,在某些纯电动汽车上增加辅助动力源,如超级电容器、惯性储能飞轮或太阳能等,由此改善纯电动汽车续驶里程。装有辅助动力源纯电动汽车的动力传输系统如图 3-1-6 所示。

当前上市的纯电动车辆主要采用的是单一动力蓄电池的方式,如典型的北汽新能源纯电动汽车系列、比亚迪 e6、荣威 E50 等。

2)根据纯电动汽车的动力布置形式分类

纯电动汽车根据驱动电机与驱动车轴之间的连接关系,常有以下 3 种布置形式:

(1)替代内燃机布置。

替代内燃机布置只是将内燃机换成电动机,仍然保留了离合器、变速器和驱动桥部分,如图 3-1-7 所示。这种布置可以提高纯电动汽车的起动转矩,增加低速时纯电动汽车的后备功率。

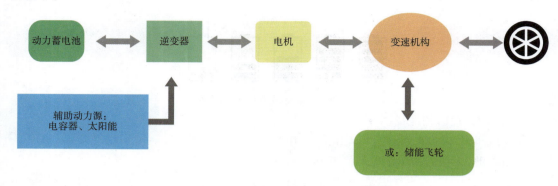

图 3-1-6　装有辅助动力源的纯电动汽车动力传输路径

（2）电机齿轮机构集成布置。

电机齿轮机构集成布置取消了离合器和变速器,但保留减速差速机构,由 1 台电动机驱动两车轮旋转,可以是前驱,也可以是后驱,如图 3-1-8 所示。优点是可以继续沿用当前内燃机汽车中的动力传动装置,只需要一组电动机和逆变器。这种方式对电动机的要求较高,不仅要求电动机具有较高的起动转矩,而且要求具有较大的后备功率,以保证纯电动汽车的起动、爬坡、加速超车等动力性。

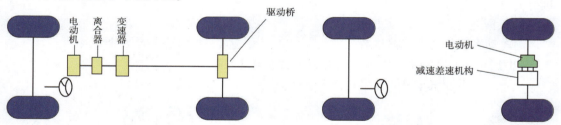

图 3-1-7　替代内燃机动力布置形式　　　　图 3-1-8　电机齿轮机构集成动力布置形式

（3）轮毂电机布置。

轮毂电机（图 3-1-9）布置是将电动机直接装到驱动轴上,直接由电动机实现变速和差速转换,如图 3-1-10 所示。这种传动方式同样对电动机有较高的要求,要求有大的起动转矩和后备功率,同时不仅要求控制系统有较高的控制精度,而且要具备良好的可靠性,从而保证电动汽车行驶的安全、平稳。

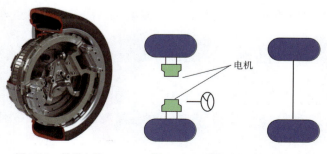

图 3-1-9　轮毂电机　　　　图 3-1-10　轮毂电机动力布置形式

目前市场上的纯电动汽车主要采用的电机齿轮机构集成动力布置形式,如上面列举的北汽 EV200、比亚迪 e6、荣威 E50 等,其驱动系统结构均如图 3-1-11 所示。

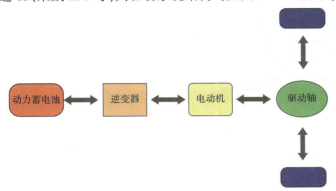

图 3-1-11　纯电动汽车典型驱动形式

4. 纯电动汽车基本结构

纯电动汽车与传统汽车相比,有着相同的车身、车身电气系统,以及底盘系统的液压制动、转向及悬架等部件。但是,纯电动汽车也有很多自己所独有的结构部件,这包括动力驱动系统、车载 12V 电源系统以及外部充电系统。图 3-1-12 所示为一辆典型纯电动汽车的结构布置示意图。

1) 动力蓄电池

动力蓄电池,也称高压动力蓄电池组或高压电池组,用于存储电能。目前市场上的纯电动汽车的动力蓄电池主要采用的是锂电池,包括磷酸铁锂电池、钴酸锂电池以及三元锂电池,能够实现电池的循环充放电。

由于纯电动汽车需要有更大存储容量的电池,而按照目前的锂电池技术,电池的体积也会相应地增大。因此,目前大多数纯电动汽车的高压电池组都是安装在车辆的底部,没有过多地占用乘客舱的容积,如图 3-1-13 所示。

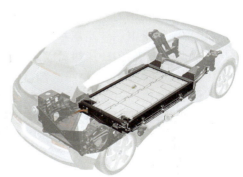

图 3-1-12　典型纯电动汽车结构　　　　图 3-1-13　动力蓄电池在纯电动汽车中的安装位置

2) 含电机的变速驱动单元

变速驱动单元是纯电动汽车的动力输出部分,内部主要包括三相电机和减速齿轮机构,如果是前驱的车辆,该系统部件通常安装在前机舱内。

图 3-1-14 纯电动汽车变速单元内部结构

图 3-1-14 所示为典型的纯电动汽车驱动电机总成结构,在其内部可以看到一个用于驱动的电机和连接电机转子的齿轮机构。此外,更明显的标志是变速单元的上方还有连接逆变器的 3 根高压电缆。

电机是变速单元的重要核心组成部件,用于电能与机械能之间的相互转换。目前大多数纯电动车采用三相电机,且三相永磁同步电机使用最为广泛。

3）逆变器（驱动电机控制器）

逆变器是驱动电机的主控部件,通常位于变速驱动单元驱动电机的上部。逆变器一端连接来自动力蓄电池的高压电,另一端连接驱动电机的三相交流电缆。主要用于将来自动力蓄电池的直流电转换为可用于驱动电机的三相交流电,同时在制动能量回收时,也将来自电机产生的交流电转换成直流电,反馈给动力蓄电池。

大多数纯电动汽车将逆变器与电机控制模块集成在一起,称"驱动电机控制器（MCU）",实现逆变器的功能和控制电机的运转,图 3-1-15 所示为荣威 E50 驱动电机控制器。

图 3-1-15 荣威 E50 驱动电机控制器位置

4）电能分配单元（BDU）

纯电动汽车在动力蓄电池附近或者靠近电机逆变器位置都设计有一个电能分配单元（BDU,也称高压配电箱或高压控制盒）,用于将来自动力蓄电池输出的电能并联分配到逆变器、高压空调压缩机、PTC 加热器以及车载充电器中。BDU 内部主要是高压继电器和电路,由 VCU 根据点火开关或充电需求控制对应继电器的接通和断开。如图 3-1-16 所示是比亚迪 e6 车辆的 BDU 外部和内部结构图。

图 3-1-16 比亚迪 e6 的 BDU

纯电动汽车在运行时,动力蓄电池电能的主要去向有以下五个方向:
(1)动力蓄电池→BDU→逆变器:为驱动电机提供电能并接受制动能量回收电能。
(2)动力蓄电池→BDU→高压空调压缩机:为车载空调系统提供制冷电能。
(3)动力蓄电池→BDU→PTC加热器:为车载暖风系统提供加热电能。
(4)动力蓄电池→BDU→DC/DC变换器:为车辆低压电气系统提供电源和给12V蓄电池充电。
(5)外部220V电源→车载充电器→BDU→动力蓄电池:使用外部220V电源为动力蓄电池充电。

5)车载充电器与充电接口

充电系统通常利用外接220V交流电源,通过充电接口进入车载充电器(OBC),车载充电器再通过交直流转换,使得220V交流电转变成动力蓄电池组充电的直流电压提供给动力蓄电池。

如图3-1-17所示为打开前机舱盖时的北汽新能源EV200纯电动汽车的部件,机舱中间部件从左到右分别是MCU、BDU、DC/DC变换器和OBC。

6)DC/DC变换器

DC/DC变换器(图3-1-18)用于车载12V电源系统,通常被安装在前机舱内。DC/DC变换器用于将动力蓄电池的高压直流转换为低压12V直流电,提供给车载低压用电设备,如给12V蓄电池充电、为灯光系统等供电。

图3-1-17 北汽EV200车载充电器的位置

图3-1-18 比亚迪的DC/DC变换器

7)高压电缆

纯电动汽车连接高压电器部件之间的电缆都属于高压电缆,也称高压导线。高压电缆的外部绝缘层颜色采用标准的橙色。高压电缆及电缆之间的连接器需要满足国家高压电器安全标准,同时由于高压部件之间电流会很大,所以采用的电缆直径都在5mm以上。

如图3-1-19所示是高压电缆及电缆连接器。

8)纯电动汽车仪表

纯电动汽车的仪表设计外观、安装位置与传统汽车相同,但是在仪表指示灯及显示功能上与传统汽车有区别,主要表现在:
(1)取消了发动机转速表,增加了功率输出表。
(2)取消了原有的燃油位置表,增加了电池电量表。

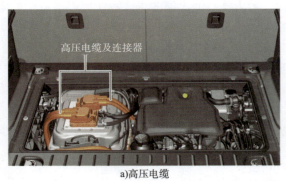

a) 高压电缆

b) 连接器

图 3-1-19　高压电缆及电缆连接器

(3) 取消了原来与发动机有关的一些故障警告灯,如机油压力、水温警告灯等,新增动力蓄电池温度、电机温度等警告灯。

虽然纯电动汽车的车型较多,仪表的设计风格也多种多样,但是其内部指示灯及显示的基本参数是相同的。

如图 3-1-20 是比亚迪 e6 仪表,其设计造型新颖,信息显示内容全面。主要分为指示/警示灯区域、行车计算机区域和娱乐及车辆信息显示四个区域。仪表采用高清液晶显示屏,体现了数字化时代气息。

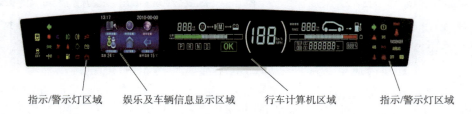

图 3-1-20　比亚迪 e6 仪表及指示区域

如图 3-1-21 所示为北汽新能源纯电动汽车的仪表。

9) 行人警示

纯电动汽车在行驶过程中会非常安静,以至于行人很难感知后方有车辆靠近。为提高行车安全和提醒行人,大多数车辆都设计有行人警示装置。

当车辆处于 R 挡或者 D 挡,且当前行驶的车速低于一定的速度时,位于车辆前方的行人友好提醒报警扬声器会模拟发出类似内燃机的"嗡嗡"声,用来提醒车辆附近的行人注意交通安全。当向驾驶人方向拨动转向盘左侧的操纵杆时,喇叭也会发出提示声以提示行人。如图 3-1-22 所示是行人友好提醒模块及喇叭的位置。

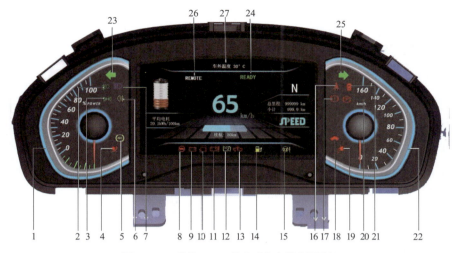

图 3-1-21　北汽 EV160 纯电动汽车仪表指示灯

1-驱动电机功率表;2-前雾灯;3-示廓灯;4-安全气囊指示灯;5-ABS 指示灯;6-后雾灯;7-远光灯;8-跛行指示灯;9-蓄电池故障指示灯;10-电机及控制器过热指示灯;11-动力蓄电池故障指示灯;12-动力蓄电池断开指示灯;13-系统故障灯;14-充电提醒灯;15-EPS 故障指示灯;16-安全带未系指示灯;17-制动故障指示灯;18-防盗指示灯;19-充电线连接指示灯;20-驻车制动指示灯;21-门开指示灯;22-车速表;23、25-左/右转向指示灯;24-READY 指示灯;26-REMOTE 指示灯;27-室外温度提示

图 3-1-22　行人友好提醒模块及喇叭

任务实施

（一）工作准备

（1）防护装备:常规实训工装。

（2）车辆、台架、总成:比亚迪 e6、北汽新能源、荣威 E50 纯电动汽车,或实训中心现有新能源整车。

（二）实施步骤

本操作任务主要根据已经学习的内容，以典型的车型为例，识别纯电动汽车的主要部件。

1. 操作前准备

 警告：

为确保安全，实训教师在执行该操作任务前，务必首先执行车辆高电压的禁用！
（1）关闭点火开关。
（2）断开蓄电池负极。
（3）拆卸手动维修开关。
（4）等待 5min 以上，并设置明显的高电压部件警示标识。

2. 比亚迪 e6 纯电动汽车部件认知与识别

1）比亚迪 e6 主要高压部件布置

如图 3-1-23 所示，比亚迪 e6 车辆的前部和中部主要有电机控制器、驱动电机、变速单元、DC/DC 变换器、动力蓄电池、维修开关和高压电缆（连接全车高压部件）等，车辆后部主要有充电接口（包括直流和交流）、车载充电器、高压分电器总成、高压配电箱（BDU）、信号采集线（包括温度和电压）和漏电传感器等。

比亚迪 e6 电动汽车部件介绍

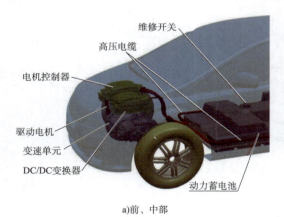
a）前、中部

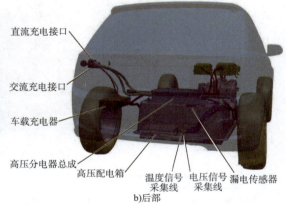
b）后部

图 3-1-23　比亚迪 e6 主要部件位置

2）主要部件识别

（1）动力蓄电池。

比亚迪 e6 的动力蓄电池安装在车辆底盘下方（图 3-1-24），BMS 被布置在行李舱的备胎底部。

如图 3-1-25 所示，e6 整个动力蓄电池组由 11 个电池模块构成，共 96 个（节）单体电池。每个单体电池电压 3.3V，总标称电压 316.8V，容量 210Ah。

纯电动汽车结构原理与操控 项目三

图 3-1-24 比亚迪 e6 动力蓄电池安装的位置

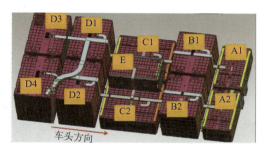

图 3-1-25 比亚迪 e6 动力蓄电池组成

（2）驱动电机及变速单元。

驱动电机及变速单元结构及原理如图 3-1-26 所示。

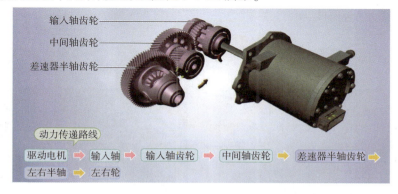

图 3-1-26 驱动电机及变速单元

比亚迪 e6 使用的驱动电机为交流无刷永磁同步电机，由驱动电机控制器控制，输出的动力经过变速单元的齿轮减速机构直接传递给传动轴。电机及变速单元安装在前机舱内，如图 3-1-27 所示。

图 3-1-27 比亚迪 E6 电机与变速单元的齿轮减速机构

驱动电机控制器（图 3-1-28）主要功能是控制驱动电机，根据不同工况控制电机的正反转、功率、转矩及转速。

（3）DC/DC 变换器及空调驱动器。

DC/DC 主要负责将 316.8V 的动力蓄电池高压电转化成 12V 电源供给整车用电器工作，并且在低压蓄电池亏电时给低压蓄电池充电，DC/DC 变换器如图 3-1-29 所示。空调驱动器主要是接收空调控制器的信息来为空调压缩机和 PTC 提供高压电源。

61

图 3-1-28　比亚迪 e6 驱动电机控制器

图 3-1-29　比亚迪 e6 DC/DC 变换器

(4) 高压配电箱。

比亚迪 e6 电能分配单元(BDU) 称高压配电箱(图 3-1-30),是整车高压配电装置,主要作用是高压电源分配、接通、断开。

(5) 漏电传感器。

比亚迪 e6 漏电传感器(图 3-1-31) 位于后排座椅底部,主要用于监测动力蓄电池与车身的漏电电流。

图 3-1-30　比亚迪 e6 高压配电箱

图 3-1-31　比亚迪 e6 漏电传感器

(6) 维修开关。

维修开关(图 3-1-32) 是电动车辆中一种常用的手动操作设备,用于断开车辆中的高压电,从而对车辆进行维修检查工作。

(7) 充电接口。

比亚迪 e6 支持快充和慢充的充电方式。布置在车辆左侧的充电接口和车载充电器用于将来自家用的 220V 交流电转换为 330V 直流电给动力蓄电池充电。

图 3-1-33 所示为车辆的充电接口,图中位于左侧的是快速充电接口,利用专用的充电站可以 15min 完成 80% 的充电电量;右侧是普通慢速充电接口,连接家用 220V 交流电源,充电时间根据功率大小需要 6~10h。

图 3-1-32　比亚迪 e6 维修开关

图 3-1-33　比亚迪 e6 充电接口位置

3. 北汽 EV200 纯电动汽车部件认知与识别

警告：

在没有断开高压线路之前，请勿用手直接触碰前机舱内的高压部件，如果不可避免请借助高压绝缘棒，或者绝缘物质代替。

以北汽新能源 EV200 纯电动汽车为例，其内部的主要高压系统部件及布置位置如图 3-1-34 所示。

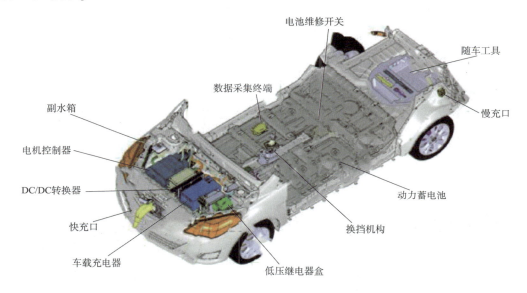

图 3-1-34　北汽 EV200 高压系统部件位置示意图

1）前机舱内部部件

北汽 EV200 前机舱的布置分上下两层，下层是驱动电机与变速单元，上层的零部件及管线通过集成安装支架固定在车身纵梁上，如图 3-1-35 所示。

图 3-1-35　EV200 前机舱内部部件

2）动力蓄电池

北汽 EV200 动力蓄电池包含有电池能量管理系统（BMS），在向全车提供电能的同时,BMS 功能还包括动力蓄电池的电量计算评估、安全监测、充放电控制、漏电监测以及电池的电量平衡。如图 3-1-36 所示是北汽 EV200 动力蓄电池,表 3-1-1 所示为动力蓄电池的参数。

图 3-1-36 北汽 EV200 动力蓄电池

北汽 EV200 动力蓄电池的参数　　　　　　　　　　　　　表 3-1-1

参数	数值	参数	数值
动力蓄电池电压(V)	332	动力蓄电池电量(kWh)	30.4
动力蓄电池容量(Ah)	91.5		

北汽 EV200 动力蓄电池的安装位置如图 3-1-37 所示。动力蓄电池的高压接插件,经高压母线连接至 PDU,为全车高压部件供电,如图 3-1-38 所示。

图 3-1-37 动力蓄电池安装位置

图 3-1-38 动力蓄电池高压接插件

图 3-1-39 北汽 EV200 驱动电机控制器(逆变器)

3)驱动电机控制器与驱动电机

北汽新能源 EV200 的驱动电机控制器(逆变器)(图 3-1-39)的作用是将动力蓄电池提供的直流电转化为交流电,然后输出给驱动电机,通过驱动电机的正转来实现整车加速、减速,通过电机的反转来实现倒车。

如图 3-1-40 所示是驱动电机的安装位置,如图 3-1-41 所示是驱动电机控制器到驱动电机的 U、V、W 三相接线。

4)PDU

北汽新能源从 2016 年以后生产的纯电动汽车,已将 DC/DC 变换器、高压控制盒(即 BDU)、车载充电器集成到一个部件 PDU 中,由 PDU 完成上述三个部件的功能,如图 3-1-42 所示。

图 3-1-40　驱动电机安装位置

图 3-1-41　驱动电机三相接线

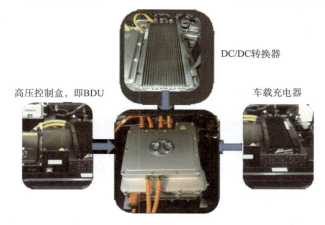

图 3-1-42　北汽 EV200 PDU 部件功能示意图

5）充电口

北汽 EV200 及其他纯电动汽车在传统汽车油箱盖的位置是慢充充电口，如图 3-1-43 所示。车辆正前方车标位置的为快速充电口，如图 3-1-44 所示。

图 3-1-43　北汽 EV200 慢充充电口

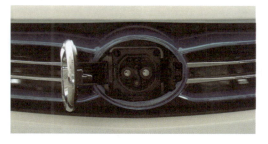

图 3-1-44　北汽 EV200 快充充电口

如图 3-1-45 所示的是慢充线束，传输外部 220V 交流电到 PDU 内部的车载充电器。

6）高压/低压线束

（1）驱动电机高压线束（图 3-1-46），通过 PDU 输送直流电，传输给驱动电机控制器。

（2）高压母线（图 3-1-47），将动力蓄电池的直流电输送到 PDU。

（3）快充线束（图 3-1-48），将高压直流电通过快充线束输送到 PDU，经高压母线传输到动力蓄电池。

（4）电动空调压缩机高压线束（图 3-1-49），将高压直流电传输到电动空调压缩机。

图 3-1-45　慢充线束

图 3-1-46　驱动电机高压线束

图 3-1-47　高压母线

图 3-1-48　快充线束

(5) PTC 高压线束(图 3-1-50),将 PDU 输出的高压直流电通过线束传输到 PTC 加热器。

图 3-1-49　电动空调压缩机高压线束

图 3-1-50　PTC 高压线束

(6) DC/DC 正极线束(图 3-1-51),连接着 DC/DC 正极端,其作用是在车辆起动后 DC/DC 将动力蓄电池输入的高压电转变成 12V 低压电,通过线束向低压蓄电池充电,以保证行车时低压用电设备正常工作。

(7) DC/DC 负极搭铁线束(图 3-1-52),与车身搭铁。

图 3-1-51　DC/DC 正极线束

图 3-1-52　DC/DC 负极线束

(8) PDU 低压线束(图 3-1-53),与 VCU 相连传输 PDU 信号。

（9）驱动电机控制器低压线束（图 3-1-54），传输驱动电机与整车控制器的各项数据。

图 3-1-53　PDU 低压线束

图 3-1-54　驱动电机控制器低压线束

1. 填空题

（1）纯电动汽车指的是采用_____作为驱动能源，采用_____车辆行驶的汽车，其英文缩写为_____或_____。

（2）纯电动汽车的推广和发展应具备_____技术、_____技术、_____技术以及_____技术 4 个方面的核心技术。

（3）当前市场上的纯电动汽车主要采用的_____构集成动力布置形式。

（4）_____是变速单元的主控部件，通常位于电机变速单元的上部。

（5）与传统汽车相比，纯电动汽车的仪表取消了发动机_____，增加了_____。

2. 判断题

（1）北汽新能源 EV 系列、比亚迪 e6、荣威 E50 采用的是单一动力蓄电池的方式。
（　　）

（2）轮毂电机布置是将电机直接装到驱动轴上，直接由电机实现变速和差速转换。
（　　）

（3）目前市场上的纯电动汽车主要采用的动力蓄电池是铅酸电池。（　　）

（4）大多数纯电动汽车将逆变器与电能分配单元 BDU 集成在一起，称为"驱动电机控制器"。
（　　）

（5）充电系统通常利用外接 380V 交流电源，通过充电接口进入车载充电器。（　　）

3. 单项选择题

（1）纯电动汽车运行过程中能量的流动路径主要有（　　）。

　　A. 能量消耗（驱动车辆）　　　　　　　　B. 能量回收（减速制动）

　　C. A 和 B 都是　　　　　　　　　　　　D. A 和 B 都不是

（2）比亚迪 e6 的 DC/DC 变换器与（　　）集成一体。

　　A. 车载充电器　　　　　　　　　　　　B. 驱动电机控制器

　　C. 空调驱动器　　　　　　　　　　　　D. 空调控制模块

(3)北汽新能源纯电动汽车的 PDU 集成的部件不包括(　　)。
　　A. DC/DC 变换器　　　　　　　　　B. 高压控制盒(即 BDU)
　　C. 车载充电器　　　　　　　　　　D. 驱动电机控制器
(4)北汽 EV200 在传统汽车油箱盖位置的充电口是(　　)。
　　A. 快充　　　　　B. 慢充　　　　　C. 快慢充一起　　　　D. 不一定
(5)纯电动汽车高压电缆的外部绝缘层颜色采用标准的(　　)。
　　A. 蓝色　　　　　B. 红色　　　　　C. 黄色　　　　　　　D. 橙色

任务 2　纯电动汽车操控与充电

提出任务

你需要为一位已购买纯电动汽车的客户详细介绍该车的功能以及如何进行正确的操控,你能完成这个任务吗?

任务要求

知识要求

1. 能够描述纯电动汽车的起动与操控方法;
2. 能够描述纯电动汽车的充电技术特点与充电方法。

能力要求

1. 能够正确起动纯电动汽车;
2. 能够正确操控纯电动汽车;
3. 能够正确为纯电动汽车进行充电。

素质要求

1. 培养良好的职业道德和工匠精神;
2. 培养安全意识和团队协作精神;
3. 培养自我管理和自主学习能力。

1. 纯电动汽车起动与操控

1)纯电动汽车起动方法

绝大多数的纯电动汽车采用智能钥匙。起动时,钥匙应在车内,按下"POWER"开关,可起动车辆(即"上电"),起动后,"OK"或"READY"灯点亮,如图3-2-1所示。

图 3-2-1 组合仪表的"READY""OK"指示灯

(1)按下起动开关时,如果智能钥匙系统钥匙位置指示灯点亮或者组合仪表信息显示屏显示"未检测到钥匙",并伴随车辆蜂鸣器鸣叫,则表明智能钥匙不在车内。如果智能钥匙的电池电量可能已耗尽,需要按照用户手册要求,将钥匙放到指定的备用起动位置。

(2)起动车辆前,一定要遵循车辆已挂入P挡、制动踏板被完全踩下的要求。

(3)纯电动汽车在起动车辆时,没有像传统内燃机汽车有运转的振动和声音。确认车辆已经处于起动状态下的主要依据是仪表中的"Ready"或"OK"指示灯点亮。在"READY"或"OK"指示灯点亮前提下,将挡位从P挡移出前务必确认车辆运行方向没有行人和障碍物。

(4)驾驶纯电动汽车时,在行驶中不要操作一键起动开关,否则有可能导致车辆紧急下电,车辆失去动力,电动转向助力关闭转句变沉,制动真空泵无法工作不能持续提供制动真空等,影响行车安全。对于部分使用机械钥匙点火开关的车型,行驶过程中关闭点火开关甚至还会导致转向锁啮合,不能转向。

2)纯电动汽车挡位介绍

纯电动汽车一般采用单级减速传动孔构,行驶过程中通过控制电机转速调节车速(无级变速),无需传统变速机构进行速比变化的变速控制。换挡杆的设计较为简单,通常采用电子旋钮式挡位开关。大多数纯电动汽车的换挡杆有R(倒车挡)、N(空挡)、D(前进挡)3个挡位,部分车型具备P挡(驻车挡),也有的车型增加E挡(经济模式挡)。

如图3-2-2所示是北汽新能源纯电动汽车的换挡杆,其中E挡是制动能量回收功能开启的挡位。E挡点亮时,共4个状态,表示3个回收强度和回收关闭。如图3-2-3是吉利帝豪EV450换挡杆。

图3-2-2 北汽新能源纯电动汽车的换挡杆

图3-2-3 帝豪EV450纯电动汽车的换挡杆

> **提示：**
>
> 有些车型在监测到高压系统故障时，换挡杆不能换入D挡和R挡。

3）电器操控

纯电动汽车的电器操控与传统的燃油汽车基本相同。如图3-2-4是北汽新能源纯电动汽车的空调操作面板，与传统车辆基本相同。

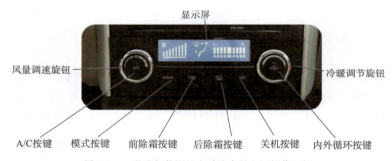

图3-2-4 北汽新能源纯电动汽车的空调操作面板

4）纯电动汽车起动与操控步骤示例

以下以吉利帝豪纯电动汽车为例，介绍纯电动汽车起动与操控步骤，其他车型可参考用户手册。

（1）起动前安全检查。

纯电动汽车或插电式混合动力电动汽车，在车辆充电期间（主要指连接有充电电缆时），出于安全因素，换挡杆禁止移出P挡，因此起动车辆前需要检查是否连接有充电电缆，并确认充电口盖关闭（图3-2-5）。

图3-2-5 确认关闭充电口盖

（2）起动车辆。

首先确保智能钥匙位于车内，然后按下一键起动开关起动车辆。如图3-2-6所示，吉利帝豪纯电动汽车一键起动开关可以操作车辆，使其处于以下4种状态的其中一种：

①OFF 状态。未操作一键起动开关时,一键起动开关 LED 指示灯保持熄灭状态,此时车辆处于 OFF 关闭状态,全车只有常电电源接通,点火电源 IGN1、IGN2 及 ACC 电源断电,此状态下车辆大多数电路不能工作。

②ACC 状态。按下一次一键起动开关,一键起动开关 LED 指示灯点亮,灯光显示为橙色,此时车辆处于 ACC 状态,全车常电电源和 ACC 附件电源接通,点火电源 IGN1、IGN2 依然断电,此状态下个别附件电器可以工作。

③ON 状态。系统处于 ACC 状态时,再按一次一键起动开关,一键起动开关 LED 指示灯保持点亮,灯光显示同样为橙色,同时组合仪表背光亮起,此时车辆处于 ON 状态,全车常电电源接、ACC 电源及点火电源 IGN1、IGN2 均接通。此状态下所有的仪表信息、警告灯和低压电路可以工作。

④READY 状态。系统处于 ON 状态时,踩下制动踏板,此时一键起动开关 LED 指示灯灯光显示由橙色变为绿色,再按下一键起动开关,车辆进入 READY 状态,全车常电电源、ACC 电源及点火电源 IGN1、IGN2 均接通,同时车辆处于起动运行状态。此状态下车辆高压系统正常上电,组合仪表上的绿色 READY 指示灯会亮起,提示车辆已经处于起动运行准备就绪状态。

状态	按钮	通电
OFF状态		B+通电
ACC状态		B+、ACC通电
ON状态		B+、ACC、IG1/IG2通电
READY状态		B+、IG1/IG2通电

图 3-2-6　车辆电源状态

(3)观察仪表指示灯。

此时仪表绿色的"READY"指示灯应点亮,如图 3-2-7 所示。在确认安全的前提下,就可以移出 P 挡位,驾驶车辆了。

(4)挡位操作介绍。

如图 3-2-8 所示,吉利帝豪纯电动汽车换挡杆有四个位置:

①P 挡(驻车挡)。车辆驻车时,挂入此挡位。挂入 P 挡之前,请务必确保汽车已完全停下来,通过按下电子挡杆上方 P 挡按钮挂入此挡位。

在 P 挡状态下,车辆电机驱动系统停止工作,电机不会输出动力,同时减速器上的 P 挡电机工作驱动锁止机构固定减速器输出齿轮使车辆锁定不能移动。

车辆处于 P 挡时电子挡杆上 P 挡指示灯点亮,同时仪表会显示车辆处于 P 挡状态。

②R 挡(倒车挡)。倒车时挂入此挡位。挂入 R 挡之前,请务必确保汽车已完全停下来。从 P 挡或 N 挡挂入 R 挡时,车辆必须处于 READY 状态、踩下制动踏板,同时往前方推动一下电子挡杆使其挂入此挡位。

图 3-2-7　绿色 READY 指示灯点亮

图 3-2-8　电子换挡杆

在 R 挡状态下，车辆电机驱动系统进入工作状态，电机按照车辆倒退方向输出动力，同时根据驾驶人操纵加速踏板和车辆负荷等信息控制电机转速和转矩。

③N 挡（空挡）。车辆从运行状态停止时，挂入此挡位。从 R 挡挂入 N 挡时，必须踩下制动踏板，同时往后方拉动一下电子挡杆使其挂入此挡位。从 D 挡挂入 N 挡时，必须踩下制动踏板，同时往前方推动一下电子挡杆挂入此挡位。若需将换挡杆从 N 挡挂至其他挡位，必须先踩下制动踏板，同时操作电子挡杆。

在 N 挡状态下，车辆电机驱动系统停止工作，电机不会输出动力，但车辆减速器没有锁定，车辆可以被移动（需要人工推车或被拖车拖动时挂入此挡位）。

④D 挡（前进挡）。正常向前行驶时挂入此挡位。挂入 R 挡之前，请务必确保汽车已完全停下来。从 P 挡或 N 挡挂入 D 挡时，必须车辆处于 READY 状态、踩下制动踏板，同时往前方后方拉动一下电子挡杆挂入此挡位。

在 D 挡状态下，车辆电机驱动系统进入工作状态，电机按照车辆前进方向输出动力，同时根据驾驶人操纵加速踏板和车辆负荷等信息控制电机转速和转矩。

（5）车辆动力模式切换操作。

以吉利帝豪纯电动汽车为例，车辆的动力模式可以在节能（ECO 模式）和运动（SPORT 模式）间切换，在 ECO 模式下车辆动力输出比较温和，从而达到节能环保舒适的目的，而在 SPORT 模式下车辆动力输出响应快速、强劲。

车辆默认动力模式为 ECO 模式，通过电子换挡杆旁边的运动模式按钮可以进行动力模式的切换，在 ECO 模式下按一下运动模式按钮（图 3-2-9），车辆切换成 SPORT 模式，同时仪表背光变成红色行驶模式显示为 SPORT，在 SPORT 模式下再按一下运动模式按钮可以切换回 ECO 模式。运动模式切换按钮和运动模式仪表显示如图 3-2-10 所示。

图 3-2-9　运动模式按键

图 3-2-10　运动模式切换按钮和运动模式仪表显示

(6)车辆能量回收强度设置。

一般新能源汽车都具有能量回收功能,在车辆滑行减速和制动时通过反带电机运转发电实现能量回收,同时给车辆施加一个能量回收产生的制动力。该功能可以增加车辆的续驶里程和减少制动片的磨损,但是能量回收的作用使得车辆在滑行减速时有拖拽感,同时减少滑行距离,在制动时一般纯电动新能源车型能量回收的制动力是在制动系统制动的基础上以叠加方式介入,而且随着车速降低,能量回收产生制动力减弱,一定程度上增加了驾驶人对车辆制动力精准控制的难度,所以一般新能源汽车能量回收的强度可以进行设置,以满足驾驶人对车辆减速和制动时特性的不同需求。

以吉利帝豪纯电动汽车为例,能量回收强度通过中控屏幕相应设置菜单中进行,能量回收强度设置菜单如图 3-2-11 所示,能量回收强度设置界面如图 3-2-12 所示。

图 3-2-11　能量回收强度设置菜单

图 3-2-12　能量回收强度设置界面

2. 纯电动汽车充电技术与充电方法

充电系统是新能源汽车(包含纯电动汽车和插电式混合动力电动汽车,以下简称"电动汽车")的能源补给系统,为保障车辆持续行驶提供动力能源。

1)充电系统功能

(1)将家用交流电进行电力变换为直流电,供给与动力蓄电池额定条件相对应的电力。

(2)根据动力蓄电池的实时状态控制充电的起动和停止,充满后应自动停止充电。

(3)根据动力蓄电池的电量、温度,控制充电电流的调节和电池的加热。

(4)可根据充电时长的需求来选择充电模式,即:快充或慢充模式。

(5)采用国际通用的快速充电标准接口,输入电源可以用交流电,也可以用直流电。

2)新能源汽车充电系统的类型

电动汽车的充电系统有多种分类方式。

(1)按充电方式分类。

按充电方式分类,充电系统分为接触式和感应式两种类型。

①接触式。接触式也称耦合或传导式充电。接触式充电方式如图 3-2-13 所示,将一根带插头(即充电枪)的交流电缆线直接插到电动汽车的充电口中为动力蓄电池充电。

接触式充电的优点是简单、效率高;缺点是充电电流小,充电时间长。

②感应式。感应式充电方式如图 3-2-14 所示。感应充电器是利用高频交流磁场的变压器原理,通过电磁感应耦合的方式进行能量转换。充电器将 50~60Hz 的普通交流电转换成 80~300Hz 的高频电,然后将高频交流电感应到电动汽车上,从而为动力蓄电池充电。

图 3-2-13　接触式充电

图 3-2-14　感应式充电

感应式充电的优点是使用方便,在恶劣的气候环境下进行充电也无触电的危险,充电时间也大大缩短。缺点是技术难度大,以及具有电磁辐射。

(2)按充电时间分类。

按充电时间分类,充电系统分为交流慢充(常规充电)和直流快充(快速充电)两种类型。

> **提示:**
>
> 由于快速充电系统需要强大的瞬时功率,充电时的安全性以及电网的承载能力是一个关键的制约因素,因此电动汽车关键的技术问题是如何能实现高效率的快速充电。
>
> 电动汽车充电电流比较大,如果用普通220V的电源插头,充电导线和插头承受不了那么大的电流,会把插头和导线烧断,所以需要能承受大电流的充电桩。充电桩通常固定在路边或停车场内,利用专用充电接口,采用传导方式为电动汽车提供电能,并具有相应的通信、计费和安全防护功能。用户可通过投币或购买专用的IC卡等方式,为电动汽车充电付费。
>
> 作为电动汽车充电系统的配套设施,充电桩可分为直流充电桩、交流充电桩和交直流一体充电桩几种类型。根据配置,一个充电桩可同时为两辆或更多辆汽车充电。为提高公共充电桩的效率和实用性,也会增加一桩多充和为电动自行车充电的功能。

①交流慢充。交流充电桩(图3-2-15)实际上只提供电力输出,相当于只是起了一个控制电源的作用,本身并没有充电功能,需连接车载充电器(也称车载充电机)为电动汽车充电。充电时,交流充电桩连接电网电源插头接入车辆的交流充电口,通过车载充电器将220V交流电转为直流电(电压略高于动力蓄电池额定电压)为动力蓄电池充电。充电电流约为8~16A,充电时间为5~8h,甚至长达10~20h。

如图3-2-16是交流充电方式示意图。

②直流快充。直流快充是通过安装在充电站的直流充电桩将直流高压电直接通过车辆的直流充电口为动力蓄电池充电(不经过车载充电器)。一般情况下,直流快充的充电电流为100~400A,30min至1h内充到80%左右,1.5h左右即能充满电。

直流充电桩是固定安装在电动汽车外,与三相四线AC380V交流电网(动力蓄电池)连接,直接为动力蓄电池提供直流电源的供电装置。直流充电桩具有车载充电器功能,可以实时监视并控制被充电动力蓄电池状态,同时,直流充电桩可以对充电电量进行计量。

图 3-2-15　壁挂式交流充电桩

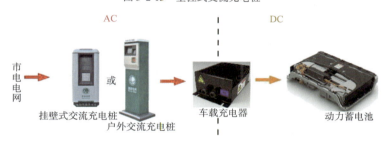

图 3-2-16　交流充电方式示意图

如图 3-2-17 是充电站和直流充电桩的示意图。

如图 3-2-18 是直流充电方式示意图。

图 3-2-17　充电站和直流充电桩

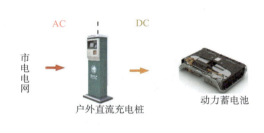

图 3-2-18　直流充电方式示意图

（3）更换动力蓄电池的方式。

充电难、充电时间长、续驶里程短的问题,一直困扰着新能源（纯电动）汽车用户,特别是出租车及网约车。因此有的汽车厂家和专家提出解决方案:直接更换充满电的动力蓄电池,将更换下来的电池集中充电。如图 3-2-19 所示,目前北汽新能源的"换电站"对"换电版"的车型已经能实现不到 1min 的时间内自动快速更换动力蓄电池。

图 3-2-19　自动快速更换动力蓄电池

采用这种方式,具有如下的优点:

①电动汽车用户可租用充满电的动力蓄电池,更换需要充电的动力蓄电池,有利于提高车辆使用效率,也提高了用户使用的方便性和快捷性。

②对于更换下来的动力蓄电池,可以利用供电低谷时段进行充电,降低了充电成本,提高了车辆运行经济性。

③这种方式也解决了充电时间乃至电池存电量、电池质量、续驶里程不足及价格高等难题。由于动力蓄电池可以租用,整车售价大幅度降低。

④可以及时发现动力蓄电池中单体电池的故障,对于电池的维护工作将具有积极意义。电池放电深度的降低也有利于提高电池的寿命。

应用这种方式面临的几个主要问题是:

①由于动力蓄电池重量较大,而且涉及高压安全,更换电池的专业化要求较强,需配备专业人员借助专业机械来快速完成动力蓄电池的更换、充电和维护。

②动力蓄电池与电动汽车的设计制造必须标准化。

③充电站的建设和管理,以及动力蓄电池的流通管理等。

3)新能源汽车的充电操作

(1)充电电源选择。

在电动汽车充电市场并未完善的情况下,充电手段参差不齐,直接将充电枪插到家用电源插座上充电的现象也并不少见,如图 3-2-20 所示。

由于技术和工艺的限制,目前电动汽车车载充电器功率都比较小,一般 3kW 左右,采用 220V 家用电的电流在 16A 左右,而一般情况下入户电流容量最大不超过 16A,因此家用电缆可能会因过载工作而引起火灾。如图 3-2-21 所示,私拉电线充电可能造成安全隐患。

图 3-2-20　私拉电线充电　　　　　　图 3-2-21　私拉电线造成安全隐患

国家在电动汽车充电方面有严格的标准,用户必须使用充电桩对车辆进行充电,因为专用的充电桩能根据供电电源的容量自动限制车载充电器的充电功率,并能在出现故障后安全可靠切断电源,避免火灾等事故发生。国家标准中不建议在没有充电桩的情况下进行充电,更加禁止在没有充电桩的情况下采用三相工业用电进行充电。电动汽车用户需要注意的是,如不按照国家标准或不按照电动汽车充电使用手册进行,那么出事故后用户是不能得到国家的相关标准保护的。

(2)充电桩和充电口选择。

①慢充(交流)充电桩和充电口。慢充充电的充电桩和主要技术参数如图3-2-22所示。可以采用停车位落地安装桩体式(250V/AC 32A/16A)和家用车库挂壁式(250V/AC 16A)充电桩,也可以采用随车配置(图3-2-23)的家用插座交流充电器(240V/AC 8A)。

项目	参数	项目	参数
充电连接器	IEC/GB	安装	落地安装 挂壁安装
人机界面	LCD/LED/VFD 键盘	通信	RS485/2G/3G
计费装置	RFID/IC card	环境温度	−20℃~+50℃
供电	220V ± 10% 50Hz ± 1Hz	环境湿度	5%~95%
输出电压	单相 AC 220V ± 10%	海拔	≤2000 m
输出电流	≤32A	平均无故障 工作时间	≥8760h
IP	IP55		

图3-2-22 交流充电桩和主要技术参数

慢充(交流)充电口在实车上的位置如图3-2-24所示(可以是传统油箱盖位置、前后车标位置或车身侧面,根据车型资料确定)。

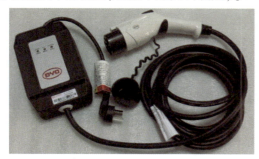

图3-2-23 随车配置的家用插座交流充电器

图3-2-24 慢充(交流)充电口位置

②快充(直流)充电桩和充电口。直流充电的充电桩和主要技术参数如图3-2-25所示。

快充充电口在实车上的位置(可以是传统油箱盖位置、前后车标位置或车身侧面,有的车型快慢充充电口安装一起,根据车型资料确定)如图3-2-26所示。

内 容	技术指标
额定输出电压	DC750V(200~750V)
额定输出电流	DC100A/200A/400A
额定稳压精度	≤±0.5%
额定稳流精度	≤±1%
功率因数	≥0.99(含APFC)
效率	≥93%(半载以上)

图3-2-25 直流充电的充电桩和主要技术参数

7kW交流慢充　　40kW直流快充

图3-2-26 快充充电口在实车上的位置

(3)充电时的注意事项。

①插电式混合动力车辆插有充电电缆时不要加油,并与易燃物品保持充足安全距离。否则未按规定插入或拔出充电电缆时,存在因燃油燃烧等导致人员受伤或物品损坏的危险。

②通过家用插座为高电压的动力蓄电池充电会导致插座上出现较高持续负荷。因此必须遵守以下说明:

　　a. 不要使用非标准适配器或延长电缆。
　　b. 充电结束后首先拔出车辆一端的充电插头,然后再拔出充电桩一端的充电插头。
　　c. 避免绊倒危险以及注意充电电缆和插座机械负荷。
　　d. 不要使用损坏的插座和充电电缆。
　　e. 为高电压动力蓄电池充电时,充电插头和充电电缆可能会变热。

如果变得过热,则充电插座可能不适用进行充电或充电电缆已损坏,应立即中止充电并让电气专业人员进行检查。

　　a. 如果反复出现充电故障或中断情况时,联系具有资质的维修人员。
　　b. 必须使用防潮和防侵蚀的插座。
　　c. 不要用手指或物体接触插头触点区域。
　　d. 切勿自行维修或改进充电电缆。
　　e. 进行清洁前将电缆两侧均拔出,注意电缆不要浸入液体内。
　　f. 充电期间不允许进行自动洗车。

g. 仅在经过电气专业人员检查的插座上进行充电。

h. 在不了解的基础设施/插座上充电时,应阅读并遵守用户手册内的特殊说明。在车上将充电电流设置为"较低"。

(一) 工作准备

(1) 防护装备:常规实训工装。

(2) 车辆、台架、总成:比亚迪 e6、北汽新能源、荣威 E50 纯电动汽车,或实训中心现有新能源整车。

(二) 实施步骤

本任务操作主要包括纯电动汽车起动、操控,以及对纯电动汽车进行充电设置与操作。

1. 纯电动汽车的起动

以下以比亚迪 e6 为例,介绍纯电动汽车起动的步骤,其他车型可参考对应的用户手册。

纯电动汽车采用的有传统钥匙和智能钥匙两种。

如果是智能钥匙,在车内,按下"POWER"按钮(开关),可起动车辆,起动后,"OK"或"READY"灯点亮。如图 3-2-27 所示。

图 3-2-27　比亚迪 e6 起动开关与 OK 指示灯

起动电机前,一定要遵循车辆已挂入 P 挡位、制动踏板被完全踩下的要求。

> **提示:**
> 在下列情况下,电机将不能起动:
> 按下开关时,如果智能钥匙系统钥匙位置指示灯点亮或者组合仪表信息显示屏显示"未检测到钥匙",并伴随车辆蜂鸣器鸣叫,则表明智能钥匙不在车内。如果智能钥匙的电池电量可能已耗尽,需要按照用户手册要求,将钥匙放到指定的备用起动位置。

规范起动车辆的步骤如下:
(1)进入驾驶室,确认P挡指示灯点亮,如图3-2-28所示。
(2)确认智能钥匙位于车内,如图3-2-29所示。

图3-2-28　确认P挡指示灯点亮

图3-2-29　确认智能钥匙位于车内

(3)踩下制动踏板,按下起动按钮,如图3-2-30所示。
(4)当中央屏幕左上角显示"OK"指示灯时,说明车辆已成功起动,如图3-2-31所示。

图3-2-30　按下起动按钮

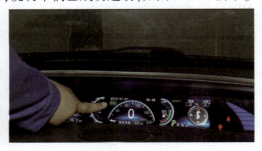
图3-2-31　成功起动车辆

(5)智能钥匙电池耗尽情况下起动车辆的方法。
当智能钥匙电池耗尽或钥匙不在车内时,组合仪表显示屏将会出现"未检测到钥匙"的信息,如图3-2-32所示。
操作步骤如下:
①踩下制动踏板。
②将智能钥匙贴近起动按钮,当按钮的指示灯变为绿色时,说明车辆可以正常起动,如图3-2-33所示。
③按下起动按钮,起动车辆。

图 3-2-32 "未检测到钥匙"的信息

图 3-2-33 将智能钥匙贴近起动按钮

2. 纯电动汽车的操控

以下以比亚迪 e6 为例,介绍纯电动汽车的操控,其他车型可参考对应的用户手册。

新能源汽车仪表灯光介绍

(1)灯光操作及仪表指示。比亚迪 e6 纯电动汽车各灯光开关操作如图 3-2-34、图 3-2-35 所示,与传统汽车一致。

图 3-2-34 纯电汽车的灯光操作开关　　图 3-2-35 纯电动汽车组合仪表上的灯光指示灯

(2)挂入空挡,确认组合仪表空挡指示灯"N"点亮,如图 3-2-36、图 3-2-37 所示。

图 3-2-36 挂入空挡　　图 3-2-37 空挡指示灯"N"点亮

(3)挂入前进挡,确认组合仪表前进挡指示灯"D"点亮,如图 3-2-38、图 3-2-39 所示。

图 3-2-38 挂入前进挡　　图 3-2-39 前进挡指示灯"D"点亮

(4)挂入倒车挡,确认组合仪表倒车挡指示灯"R"点亮,如图3-2-40、图3-2-41所示。

图3-2-40　挂入倒车挡

图3-2-41　倒车挡指示灯"R"点亮

(5)挂入驻车挡,确认组合仪表驻车挡指示灯"P"点亮,如图3-2-42、图3-2-43所示。

图3-2-42　挂入驻车挡

图3-2-43　驻车挡指示灯"P"点亮

3.为纯电动汽车充电

 警告:

充电前,务必遵守外部充电和车辆本身的安全操作要求!

纯电动汽车只能采用自身的动力蓄电池提供能量来行驶。为了避免因动力蓄电池过放电而导致车辆无法行驶,及时充电储能及行驶前计算电量需求是非常重要的。

通常有三种充电方式可以为纯电动汽车充电:充电站直流充电、充电桩交流充电和家用交流充电。除了费用支付方式有区别外,充电的操作方法基本一致。

1)为车辆充电前的充电模式设置

纯电动汽车都设计有充电模式的选择,通过车辆显示屏可以设置充电模式,包括即插即充或预约充电等,如图3-2-44所示。请参照相关车型的用户手册及其他技术资料。

图3-2-44　纯电动汽车充电模式设置

以比亚迪 e6 的充电模式设置为例,该车辆有两种充电模式:

(1)即时充电(即插即充)。

预约充电关闭时,当充电器连接好后车辆自动开始充电。

预约充电打开时,任何时候都可以使用即时充电按键实现立即充电,方法如下:

①电源挡位退至 OFF 挡。

②按一下即时充电按键,组合仪表提示"即时充电功能开启,请在 15min 内连接充电器"。

③15min 内连接充电器实现立即充电。

(2)预约充电(按照设置的充电时间对车辆定时充电)。

在显示屏上利用定时器可以制定动力蓄电池的充电时间,定时器包含充电开始时间、充电结束时间,一周中的每一天都可以单独设置定时器。

①定时器设置成功后马上生效,进入倒计时。

②只要充电开始时间设置完成,定时器就有效。

③只有充电结束时间设置时,不可保存设置。

④根据定时器开始充电后,重新设置定时器后,根据最新的设置进行倒计时。

2)为车辆进行充电示例

以下以交流慢充充电桩为例,介绍对纯电动汽车的充电操作步骤。

操作步骤:

将车辆与交流充电桩的交流充电器相连,实现交流充电。

①关闭车辆起动开关。

②设置即时充电模式。

③拉起充电口外盖拉索,充电口外盖应该打开,如图 3-2-45 所示。

图 3-2-45 拉起充电口外盖拉索

④打开交流充电口内盖,如图 3-2-46 所示。

⑤连接车辆端交流慢充充电口,仪表点亮充电连接指示灯 ,如图 3-2-47 所示。

⑥充电桩设置起动充电,如图 3-2-48 所示。

⑦结束充电后,断开交流充电器(充电枪),按下开关,拔出交流充电器,并将其放在指定位置,如图 3-2-49 所示。

⑧关闭充电口外盖和充电口内盖,交流即时充电结束。

图 3-2-46　交流充电口内盖

图 3-2-47　连接车辆端充电口

图 3-2-48　充电桩设置

图 3-2-49　断开交流充电器

学习测试

1. 填空题

(1) 纯电动汽车起动时,智能钥匙应在_____,按下_____开关,可起动车辆。

(2) 起动纯电动汽车前,一定要遵循车辆已挂入_____挡位、制动踏板被_____的要求。

(3) 有些纯电动汽车在监测到高压系统故障时,换挡杆不能换入_____挡和_____挡。

(4) 纯电动汽车的动力模式可以在_____下车辆动力输出比较温和,而在_____下车辆动力输出响应快速、强劲。

(5) 按充电方式分类,纯电动汽车充电系统分为_____和_____两种类型。

2. 判断题

(1) 确认纯电动汽车已经处于起动状态下的主要依据是电机运转。　　(　　)

(2) 纯电动汽车在行驶中不要操作一键起动开关,否则有可能导致车辆紧急下电。　　(　　)

(3) 纯电动汽车换挡杆的设计较为简单,通常采用机械式挡位开关。　　(　　)

(4) 纯电动汽车在车辆充电期间换挡杆禁止移出 P 挡。　　(　　)

(5) 为保证节约能源,纯电动汽车的能量回收强度不允许进行设置。　　(　　)

3. 单项选择题

(1) 北汽新能源纯电动汽车的换挡杆,其中"E"挡是指(　　)。

　　A. 运动模式开启的挡位　　　　　　　　B. 运动模式关闭的挡位
　　C. 制动能量回收功能开启的挡位　　　　D. 制动能量回收功能关闭的挡位

(2)以下不属于快速充电特点的是( )。
　　A. 高压直流充电　　　　　　　　　　B. 必须经过车载充电机
　　C. 充电速度快　　　　　　　　　　　D. 充电电流可以超过 100A
(3)以下属于直接更换充满电的动力蓄电池方式的优点是( )。
　　A. 车辆设计需要标准化
　　B. 动力蓄电池可以是租用的,整车售价大幅度降低
　　C. 专业人员专业设备操作
　　D. 需要换电站运营管理及电池流通管理
(4)当纯电动汽车组合仪表显示屏出现"未检测到钥匙"的信息,可能原因是( )。
　　A. 智能钥匙电池耗尽　　　　　　　　B. 智能钥匙不在车内
　　C. A 和 B 都有可能　　　　　　　　　D. A 和 B 都不可能
(5)以下属于为纯电动汽车充电的方式是( )。
　　A. 充电站直流充电　　　　　　　　　B. 充电桩交流充电
　　C. 家用交流充电　　　　　　　　　　D. 以上都是

混合动力电动汽车结构原理与操控

本项目主要介绍混合动力电动汽车的结构原理与操控,分为 2 个任务学习。

任务 1　混合动力电动汽车结构原理认知;

任务 2　混合动力电动汽车操控。

通过以上 2 个任务的学习,熟悉混合动力电动汽车的主要类型及结构特点,并在此基础上,进一步掌握典型的混合动力电动汽车的结构原理、运行模式及操控方法,为日后混合动力电动汽车的维修与诊断打下基础。

任务 1　混合动力电动汽车结构原理认知

如果你是新能源汽车销售顾问,现在有一位新能源汽车潜在的客户拟购买一辆油电混合动力电动汽车,但是他对混合动力电动汽车不了解,你能正确为这位客户介绍混合动力电动汽车的特点吗?

任务要求

知识要求

1. 能够描述混合动力电动汽车的定义;

2.能够描述混合动力电动汽车的基本原理;
3.能够描述混合动力电动汽车的类型及分类方法;
4.能够描述混合动力电动汽车的结构特征。

能力要求

1.能够正确区分混合动力电动汽车的类型;
2.能够正确识别混合动力电动汽车的结构特征。

素质要求

1.培养良好的职业道德和工匠精神;
2.培养安全意识和团队协作精神;
3.培养自我管理和自主学习能力。

相关知识

1.混合动力电动汽车的定义

混合动力电动汽车的 Hybrid 这个词来源于拉丁语 Hybrida,意思是杂交或者混合的意思。在技术层面,Hybrid 这个词指一种系统,该系统将两种不同的技术组合在一起使用。我们常说的混合动力电动汽车通常就是指油电类型混合动力电动汽车 HEV(Hybrid Electric Vehicle),即内燃机与动力蓄电池、电机的驱动混合。

国际电子技术委员会对混合动力电动汽车的定义为:在特定的工作条件下,可以从两种或两种以上的能量存储器、能量源或能量转化器中获取驱动能量的汽车,其中至少一种存储器或转化器要安装在汽车上。

混合动力电动汽车介于传统内燃机汽车与纯电动汽车之间,是两种动力汽车的中间产物。如图 4-1-1 所示,与纯电动汽车相比,混合动力电动汽车上配置有内燃机;与传统汽车相比,混合动力电动汽车上又增加了动力蓄电池和电机。但是,混合动力电动汽车中的动力驱动单元却完美地将内燃机的动力与电机的动力结合在一起。

从广义上来讲,混合动力电动汽车指的是装备有两种具有不同特点驱动装置的车辆。图 4-1-2 所示的两个驱动装置中内燃机是车辆的主要动力来源,它能够提供稳定的动力输出,满足汽车稳定行驶的动力需求。由于内燃机在汽车上的成功应用,使之成为首选的驱动装置,另外还有一个辅助驱动装置,它具有良好的变工况特性,能够进行功率的平衡、能量的再生与存储。

从狭义上讲,混合动力电动汽车是指同时装备两种动力源的汽车。通过在混合动力电动汽车上使用电机,使得动力系统可以按照整车的实际运行工况要求灵活调控,而内燃机保持在综合性能最佳的区域内工作,从而降低油耗与排放。也可以认为混合动力电动汽车通常是指既有车载动力蓄电池提供电力驱动,又装有一个相对小型内燃机的汽车。

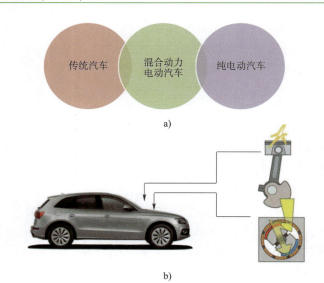

图 4-1-1　混合动力电动汽车关系示意图

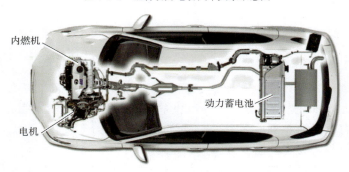

图 4-1-2　混合动力电动汽车两种动力源

2. 混合动力电动汽车的基本原理

混合动力电动汽车与传统汽车相比,主要的改进是在车辆的驱动系统上,即在传统汽车的内燃机、变速器、传动轴到车轮的驱动线路上,增加了一套由高压动力蓄电池、电机组成的电动动力驱动线路。图 4-1-3 所示是一种混合动力电动汽车的驱动路线图。

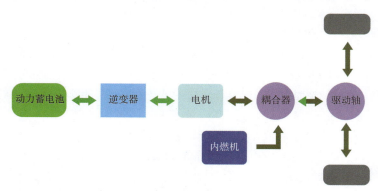

图 4-1-3　混合动力电动汽车基本驱动路线

在车辆行驶时,根据混合动力电动汽车设计的混合程度,通常会由动力蓄电池先通过电机输出动力来驱动车辆,当电池存储电能不足时,内燃机再自动起动参与车辆的驱动。也有部分混合动力电动汽车内燃机是全程起动的,动力蓄电池输出的动力仅仅用于辅助内燃机平滑运行。

3. 混合动力电动汽车的类型及分类方法

为了便于区分市场上形式各异的混合动力电动汽车,习惯上我们会根据混合动力电动汽车驱动系统的连接方式或混合程度来对混合动力电动汽车进行分类,以便更好地了解混合动力电动汽车的技术特性。

1) 按混合动力电动汽车驱动连接方式分类

混合动力电动汽车的驱动系统主要有内燃机和驱动电机。通常,根据内燃机和驱动电机之间的连接关系(即内燃机的输出动力与驱动电机的输出动力到车辆驱动轴的连接方式),将混合动力电动汽车分为串联式、并联式和混联式三种类型,如图4-1-4所示。

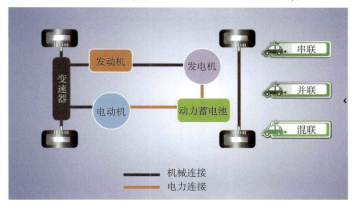

图4-1-4 混合动力电动汽车连接方式

(1) 串联式混合动力。

在串联式混合动力设计中,车辆的驱动仅仅是由驱动电机来单独完成的,内燃机通过发电机发电,为动力蓄电池充电,如图4-1-5所示。

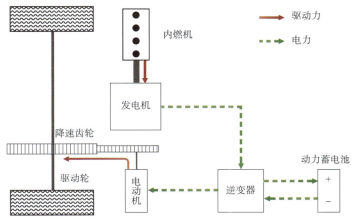

图4-1-5 串联式混合动力电动汽车连接方式示意图

串联式混合动力电动汽车的优点是内燃机能够在最佳的转速和负荷运行,同时车辆也取消了变速器、离合器等部件。缺点是车辆仅通过电机驱动,因此必须设计有较大功率的电机来满足车辆在爬坡、急加速等大负荷运行工况,导致整车重量加大。

这种混合动力类型主要应用于城市大客车上,在乘用车中很少见,理想汽车公司"增程式"电动汽车即采用串联式设计方式。

(2)并联式混合动力。

在并联式混合动力电动汽车中,车辆的驱动是由内燃机和驱动电机组合完成的。动力蓄电池获取电能的途径是内燃机的充电及能量回收,如图 4-1-6 所示。

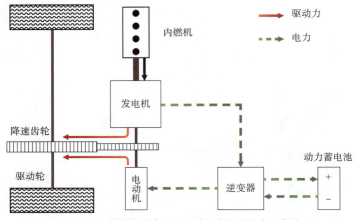

图 4-1-6 并联式混合动力电动汽车连接方式示意图

并联式混合动力类型的优点是采用了一个或多个电机辅助内燃机,使得内燃机的设计可以更小更轻。缺点是需要用复杂的软件来优化驱动电机和内燃机同时输入驱动轴的力矩。并联式混合动力在高端品牌及进口、合资车型上采用较多,例如奔驰 S400 HYBRID 配备的平行(即并联)混合动力驱动系统,大众、奥迪、宝马、本田、丰田等公司混合动力系统大部分也采用并联设计方式。

(3)混联式混合动力。

混联式混合动力也称为"串并联式"混合动力系统,因为其集合了串联式和并联式的优点,如图 4-1-7 所示。

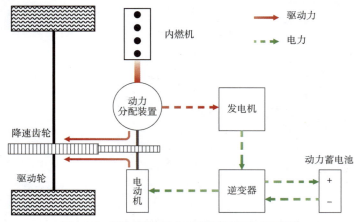

图 4-1-7 串联式混合动力电动汽车连接方式示意图

混联式混合动力类型的优点是可以实现纯驱动电机驱动车辆;内燃机自动停机或起动为系统充电;也可以实现内燃机和驱动电机共同驱动车辆。缺点是动力分配装置内部设计和管理系统较为复杂,需要较高的技术积累和研发投入。

目前市场上的混合动力电动汽车大多采用这种设计类型,例如丰田、比亚迪、上汽荣威等公司的混合动力车型。

2)按混合动力电动汽车的混合程度分类

对现有混合动力电动汽车进行分类还可以使用混合程度这个概念,这是目前市场销售中常用的习惯分类方式。但是到目前为止,并没有一个准确的混合程度标准。当前,大多数学者会采用混合动力电动汽车中驱动电机的有效功率占车辆驱动系统总功率的百分比这个概念,将市场上的混合动力电动汽车分为轻度混合动力、中度混合动力和重度混合动力三个等级,如图4-1-8 所示。

图4-1-8 按混合动力电动汽车的混合程度分类

(1)轻度混合动力。

轻度混合动力也称"弱混",一般采用36V 或42V 动力蓄电池组,并搭载一个低功率的一体化起动/发电机通过曲轴传动带来辅助内燃机。电机不能够单独驱动车辆行驶,只起辅助作用,在自动起停、内燃机起动平滑辅助和制动能量回收时起作用。该系统优点是成本小,但节省的燃油也更少,一般只能省油8%～15%。如图4-1-9 所示是轻度混合动力系统结构示意图。

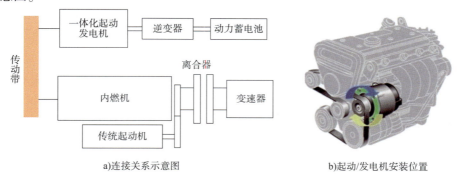

图4-1-9 轻度混合动力系统结构示意图

轻度混合动力电动汽车的典型代表技术有别克君越的BAS(Basic Assist System)系统;奔驰Smart 的MHD(Micro Hybrid Drive)怠速熄火系统;奇瑞汽车的BSG(Belt-driven Starter/Generator)系统。这些系统的共同特点都是由曲轴传动带驱动的起动/发电机取代了传统内燃机的发电机,这一新型的起动/发电机提供车载电力系统的同时,还能快速起动车辆的内燃机。

(2)中度混合动力。

中度混合动力也称"中混",一般采用100V 以上的动力蓄电池,混合程度在30%左右。在车辆加速或者大负荷工况时,电机能够辅助内燃机驱动车辆,补充内燃机本身动力输出的不足。这种系统的混合程度较高,在城市循环工况下节省燃油可以达到20%～30%。如图4-1-10 所示是中度混合动力系统结构示意图。

中度混合动力电动汽车的典型代表技术有本田雅阁、思域以及丰田雷凌。需要强调的是,中度混合动力电动汽车仍然无法完全脱离内燃机而仅仅依靠电力驱动,根据国家标准,其仅属于节能汽车。

(3)重度混合动力。

重度混合动力也称"强混",一般采用200～650V的高电压,混合程度可以达到50%以上,在城市循环工况下节油率可以达到30%～50%。重度混合动力电动汽车采用内燃机为基础动力,动力蓄电池为辅助动力;支持低速纯电动行驶;在急加速和爬坡运行工况下车辆需要较大的驱动力时,驱动电机和内燃机同时提供动力。如图4-1-11所示是重度混合动力系统结构示意图。

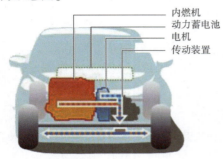

图4-1-10　中度混合动力系统结构示意图　　图4-1-11　重度混合动力系统结构示意图

随着驱动电机、动力蓄电池技术的进步,重度混合动力系统逐渐成为混合动力技术的主要发展方向,丰田普锐斯、通用凯雷德双模混合动力电动汽车采用的就是重度混合动力系统。

3)根据充电方式分类

根据混合动力电动汽车的充电方式,可以分为非插电式混合动力电动汽车和插电式混合动力电动汽车两种类型。

非插电式混合动力电动汽车动力电池的电能仅来自内燃机及能量回收,不能通过外部电源进行充电。如图4-1-12所示,非插电式混合动力车型通常有"HYBRID"的标识。

插电式混合动力电动汽车(Plug-in Hybrid Electric Vehicle,简称PHEV),可以通过外部连接的电源进行充电,同时在动力蓄电池充满电的状态下具有一定的纯电动行驶能力,是重度混合动力车型的一种特殊形态。插电式混合动力可以采用串联或并联的结构,电机功率比纯电动汽车稍小。插电式混合动力电动汽车已成为主流发展方向之一。

如图4-1-13是比亚迪秦插电式混合动力电动汽车,可以通过外部电源进行充电。行驶过程中,如果电量耗尽后可利用内燃机作为驱动力额外行驶一定的里程。如果想要继续行驶,用户只需为车辆充电或加油即可。

4)根据燃料种类分类

根据混合动力电动汽车内燃机采用的燃料种类不同,可以分为汽油混合动力和柴油混合动力两种类型。目前国内市场上,混合动力电动汽车的主流都是汽油混合动力,如图4-1-14所示的丰田卡罗拉双擎混合动力电动汽车。国际市场上柴油混合动力车型发展也很快,如图4-1-15是路虎柴油混合动力电动汽车。

图 4-1-12　非插电式混合动力电动汽车标识

图 4-1-13　比亚迪秦插电式混合动力电动汽车

图 4-1-14　丰田卡罗拉汽油混合动力电动汽车

图 4-1-15　路虎柴油混合动力电动汽车

4. 混合动力电动汽车的结构特征

1）混合动力电动汽车的基本结构

混合动力电动汽车的结构较为复杂,它具有传统汽车与纯电动汽车的双重部件。如图 4-1-16 所示,混合动力电动汽车配置有内燃机、动力蓄电池、变速驱动单元、DC/DC 变换器,如果是插电式混合动力电动汽车还配置有车载充电器等。

图 4-1-16　混合动力电动汽车基本结构

混合动力电动汽车的动力蓄电池、DC/DC 变换器等部件与纯电动汽车在结构原理上并无区别,但是变速驱动单元的设计却是混合动力电动汽车的中心,既是车辆混合动力驱动形式的反映,也是混合动力电动汽车技术性能的重要表现。

中度、重度混合动力的车型,在传统内燃汽车基础上主要增加有高电压动力蓄电池组和改进的变速驱动单元,并为特定车辆需求增加一些其他附属部件。

2）变速驱动单元的结构

混合动力电动汽车的变速驱动单元(图 4-1-17)不同于现有的自动变速器或手动变速器,其内部主要包括:用于驱动和发电的三相交流电机、用于实现动力切换的离合器,以及用于实现输出动

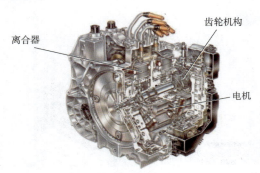

图 4-1-17 混合动力变速驱动单元

力变速的齿轮机构。

混合动力电动汽车变速驱动单元目前有两种应用比较广泛的类型,分别是以丰田普锐斯为代表的混联式变速驱动单元和以比亚迪秦为代表的并联式变速驱动单元。

混联式变速驱动单元的机构可以实现更多的混合驱动模式,例如纯电动驱动模式、内燃机与电机复合工作模式,以及各种工况下的不同组合模式,通常这种变速驱动单元内部设计有两个电机。

并联式变速驱动单元机构的最大优点是可以在电力驱动模式下失效时,单纯依靠内燃机也可实现由变速单元继续驱动车辆行驶。

(1)混联式变速驱动单元。

在丰田普锐斯混合动力车型中,变速驱动单元内部设计有两个驱动电机 MG1 和 MG2,并设计有一个行星齿轮机构,如图 4-1-18 所示,其连接关系如下:

①内燃机与内部行星齿轮机构的行星架相连接。

②MG1 与行星齿轮机构的太阳轮相连接。

③MG2 与行星齿轮机构的齿圈以及车辆输出轴相连接。

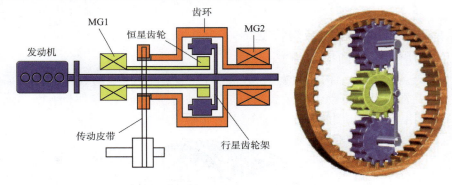

a)内部连接关系　　　　　　b)行星齿轮机构

图 4-1-18　普锐斯变速驱动单元内部连接关系示意图

行星齿轮机构的工作原理如图 4-1-19 所示。

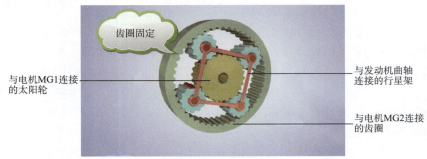

图 4-1-19　行星齿轮机构的工作原理

行星齿轮运作工作原理

从变速驱动单元内部连接关系可以看出:内燃机提供动力给 MG1 发电,MG2 用于驱动车辆的串联形式;在 MG1 固定的情况下,内燃机和 MG2 同时利用行星齿轮机构驱动车辆的并联关系。因此,可以从这样的结构判断出普锐斯混合动力电动汽车采用的是混联形式。

如图 4-1-20 所示,混合动力电动汽车采用的三相交流电机替代了传统汽车上的发电机和起动机。需要起动内燃机时,电机作为起动机,带动内燃机运转;内燃机起动后,又会作为发电机,为车辆提供持续电能。

a)电机作为发电机使用　　　　　　b)电机作为起动机使用

图 4-1-20　混合动力电动汽车电机的作用

（2）并联式变速驱动单元。

在比亚迪秦的变速驱动单元中,组合设计有一个 DCT 双离合变速器和一台驱动电机,并通过一套减速机构并联起来。

如图 4-1-21 所示,其内部的连接关系是:

①驱动电机通过单独的一套减速机构与齿轮变速器相连。

②内燃机通过 DCT 双离合变速器以及另外一套减速机构与齿轮变速器相连。

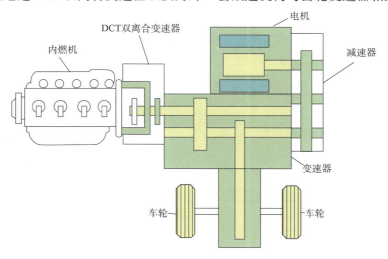

图 4-1-21　比亚迪秦变速驱动单元总成示意图

比亚迪秦的电机由外圈的定子与内圈的转子组成,是汽车的动力源之一,向外输出扭矩,驱动汽车前进后退;同时也可作为发电机发电(例如,在滑行、制动过程中以及发动机输出的额外扭矩的势能或动能通过电机转化为电能存储)。其电机采用三相交流永磁同步电机,额定功率为 40kW。

任务实施

（一）工作准备

（1）防护装备：常规实训工装。

（2）车辆、台架、总成：丰田普锐斯、丰田卡罗拉、比亚迪秦、荣威550混合动力，或其他类型混合动力电动汽车。

（二）实施步骤

本操作任务主要包括两个子任务。

1. 利用互联网检索资料，或调研周边新能源汽车销售店面，了解当前主流混合动力电动汽车品牌与车型

2. 混合动力电动汽车结构特征识别

混合动力电动汽车的内燃机与传统燃油汽车的内燃机基本一致，动力蓄电池、DC/DC变换器等部件与纯电动汽车在结构原理上并无区别，但是变速驱动单元的设计却是混合动力电动汽车的核心，即是车辆混合动力驱动形式的反应，也是一辆混合动力电动汽车技术性能的重要表现。

参照以下内容，对比实训车辆，识别混合动力电动汽车在结构上与传统燃油汽车的区别。

1）外观标识

混合动力电动汽车，通常车辆上标识有 HYBRID（混合）、HEV（混合动力）或 PHEV（插电式混合动力）字样，如图4-1-22所示。

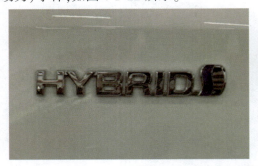

图4-1-22 混合动力电动汽车标识

与纯电动汽车类似，如果是插电式混合动力电动汽车，还会有充电口。

2）驱动结构的区别

根据运行的需要，与传统汽车相比，混合动力电动汽车主要的改进在车辆的驱动系统上，即在传统汽车的内燃机（发动机）、变速器、传动轴到车轮的线路上，还会增加一套由动力蓄电池（HEV蓄电池）、驱动电机（电动机）组成的电动动力输出线路。如图4-1-23所示是混合动力电动汽车典型驱动结构。如图4-1-24所示是卡罗拉混合动力电动汽车后排座椅下的动力蓄电池。

混合动力电动汽车结构原理与操控　项目四

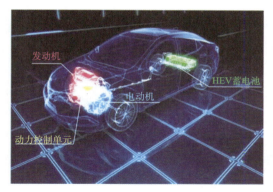

图 4-1-23　混合动力电动汽车典型驱动结构　　图 4-1-24　卡罗拉双擎混合动力电动汽车动力蓄电池

如图 4-1-25 所示是丰田卡罗拉混合动力电动汽车的前机舱,右侧金属模块是逆变器（驱动电机控制器）。

如图 4-1-26 所示是比亚迪秦混合动力电动汽车前机舱,明显可见发动机、驱动电机及控制器的位置。

图 4-1-25　丰田卡罗拉混合动力电动汽车前机舱　　图 4-1-26　比亚迪秦混合动力电动汽车前机舱

一般情况下,混合动力电动汽车的发动机不再通过曲轴驱动带来驱动空调压缩机和发电机。混合动力电动汽车通常采用电动空调压缩机,有的车型发动机冷却液也采用电子冷却液泵,但曲轴上的驱动带轮仍会保留,仅作为减振器用。如图 4-1-27 所示是丰田普锐斯混合动力电动汽车的发动机示意图,曲轴驱动带上的驱动部件少了,仅保留一个冷却液泵和张紧轮。

由于混合动力电动汽车内燃机很少运行,因此还会设计有独立的封闭式燃油蒸发回收系统,利用更大的活性炭罐来吸收燃油箱内的蒸发燃油气体。如图 4-1-28 所示是为混合动力电动汽车设计的一个大型活性炭罐。

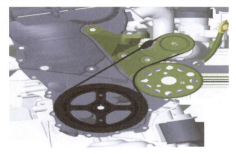

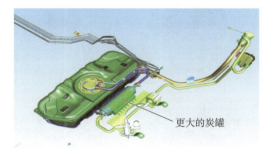

图 4-1-27　混合动力发动机曲轴驱动带驱动部件　　图 4-1-28　混合动力电动汽车的燃油蒸汽回收系统

3) 制动系统的区别

由于混合动力电动汽车的内燃机随时可能关闭,无法提供持续的真空源。为保证制动安全,除了与纯电动汽车一样采用电动真空助力系统外,有些混合动力电动汽车直接改用电控液压制动系统。驾驶人踩下制动踏板时,不再是直接机械传递制动力到制动主缸,而是由制动踏板位置传感器将信号先传递给电子控制制动(ECB)模块,由 ECB 模块根据制动需求,驱动液压制动系统的制动压力实现制动。该系统的最大好处是可以无缝配合混合动力的制动能量回收控制系统,根据传感器收集驾驶人踩制动踏板的程度和所施加的力,计算所需的制动力。如图 4-1-29 所示是丰田混合动力电动汽车电子制动系统结构示意图,图 4-1-30 所示是 ECB 模块的位置图。

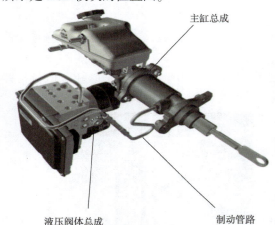

图 4-1-29　电子制动系统结构示意图

图 4-1-30　电子控制制动模块 ECB

为了减少能源损耗,新能源汽车(纯电动和混合动力电动汽车)都设计了制动能量回收系统:制动时,系统先给电机上加载负荷以使发电,这是逆向拖动车辆制动的一种方式。制动能量回收可以有效降低因制动导致的摩擦能量消耗。如图 4-1-31 所示是混合动力电动汽车制动能量回收系统结构示意图。

4) 转向系统的区别

由于混合动力电动汽车的内燃机可能随时关闭,失去转向助力,因此混合动力电动汽车与纯电动汽车一样,都采用电动转向系统。如图 4-1-32 所示是丰田混合动力电动汽车电动转向机构总成实物图。

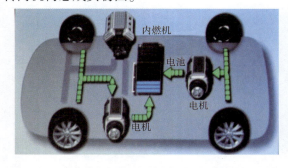

图 4-1-31　混合动力电动汽车制动能量回收系统结构示意图

图 4-1-32　电动转向机构总成实物图

学习测试

1. 填空题

(1) 混合动力电动汽车通常是指_____类型混合动力电动汽车(简称_____),即内燃机与_____、电机的驱动混合。

(2) 混合动力电动汽车的内燃机保持在_____最佳的区域内工作,从而降低油耗与排放。

(3) 在并联式混合动力设计中,车辆的驱动是由_____和_____组合完成的。

(4) 目前市场上的混合动力电动汽车大多数_____设计类型。

(5) 按混合程度,混合动力电动车分为_____混合动力、_____混合动力和_____混合动力3个等级。

2. 判断题

(1) 根据国际电子技术委员会对混合动力车辆的定义,至少一种存储器或转化器要安装在汽车上。( )

(2) 所有的混合动力电动汽车内燃机都是全程起动的。( )

(3) 混联式混合动力的系统可以实现纯驱动电机驱动车辆。( )

(4) 我国市场上的混合动力大部分是汽油混合动力类型。( )

(5) 插电式混合动力系统的驱动电机功率比纯电动汽车的大。( )

3. 单项选择题

(1) 理想公司"增程式"电动汽车采用( )设计方式。
　　A. 串联式　　　　　　　　　B. 并联式
　　C. 混联式　　　　　　　　　D. 以上都错误

(2) 串联式混合动力电动汽车连接驱动轴的部件是( )。
　　A. 发电机　　　　　　　　　B. 驱动电机
　　C. 内燃机　　　　　　　　　D. 内燃机和驱动电机

(3) 重度混合动力车型的一种特殊形态是( )。
　　A. 非插电式混合动力　　　　B. 插电式混合动力
　　C. 汽油混合动力　　　　　　D. 柴油混合动力

(4) 在丰田普锐斯混合动力车型中,变速驱动单元内部设计有两个驱动电机MG1和MG2,用于驱动车辆的部件是( )。
　　A. MG1　　　　　　　　　　B. MG2
　　C. MG1和MG2　　　　　　　D. 以上都不是

(5) 混合动力电动汽车的采用的转向系统是( )。
　　A. 机械转向系统　　　　　　B. 液压转向系统
　　C. 电动转向系统　　　　　　D. 以上都不对

任务 2　混合动力电动汽车操控

提出任务

有一位混合动力电动汽车用户反映他的车辆发动机总是运转，怀疑混合动力系统有故障。你的主管要求你进行合理的解释，并指导他正确操控车辆，你能完成这个任务吗？

任务要求

知识要求

1. 能够描述混合动力电动汽车的运行模式；
2. 能够描述混合动力电动汽车的起动与操控方法。

能力要求

1. 能够正确操控混合动力电动汽车；
2. 能够正确分析典型混合动力电动汽车的运行模式。

素质要求

1. 培养良好的职业道德和工匠精神；
2. 培养安全意识和团队协作精神；
3. 培养自我管理和自主学习能力。

相关知识

1. 混合动力电动汽车的运行模式

要正确操控混合动力电动汽车，必须了解混合动力电动汽车的运行模式。混合动力电动汽车在工作过程中，具有以下几种运行模式：

1）纯电力模式

由动力蓄电池给驱动电机供电，再由驱动电机驱动车辆行驶，如图 4-2-1 所示。在车辆低速行驶时，内燃机处于关闭状态，只依靠驱动电机驱动车辆行驶，即纯电力运行模式。有些混合程度较重的车型,起步时也是纯电力驱动,内燃机处于关闭状态。

2)传统燃油模式

由内燃机直接驱动车辆行驶,如图 4-2-2 所示。在车辆处于高速巡航的状态下,驱动电机被关闭,只由内燃机进行驱动,以稳定的低油耗行驶。因为此时内燃机也是在最经济的油耗下运行的。

图 4-2-1　纯电力模式

图 4-2-2　传统燃油模式

3)全速驱动模式

当需要更大加速度时,驱动电机和内燃机一起传输动力驱动车辆行驶,如图 4-2-3 所示。在急加速状态下,如果此时内燃机已经起动,那么会由驱动电机辅助内燃机提供强有力的加速动力。如果此时内燃机未起动,遇到大负荷情况时,系统会自动起动内燃机来为车辆提供更高的动力。

有的混合程度较轻的车型,在起步时驱动电机也会辅助内燃机驱动,提供强有力的加速能力,同时减少内燃机起步时因惯性阻力增加导致的油耗加大。

4)能量回收模式

在制动或惯性滑行中释放出多余能量,通过发电机将其转化为电能,如图 4-2-4 所示。车辆减速时,控制系统会优先执行制动能量回收,将制动能量转化为电能存储在动力蓄电池中,此时内燃机会被关闭,以减少能耗,提高充电效率。

图 4-2-3　全速驱动模式

图 4-2-4　能量回收模式

5)驱动与发电模式

当动力蓄电池电量过低时,在内燃机驱动车辆行驶的同时,驱动轮牵引发电机为动力蓄电池充电,如图 4-2-5 所示。

6)怠速停机及充电模式

混合动力电动汽车的特点是在怠速时,内燃机会自动停止运行,此时能源消耗和排放均为零,如图 4-2-6 所示。

图 4-2-5　驱动与发电模式

如果动力蓄电池电量过低,内燃机起动,在怠速时带动发电机为动力蓄电池充电,如图 4-2-7 所示。

图 4-2-6 怠速自动停机模式

图 4-2-7 怠速充电模式

2. 混合动力电动汽车起动与操控

混合动力电动汽车的起动与操控与传统的汽车类似,不同的汽车制造商,可能在起动习惯与便捷性上做了不同的改进,但是其起动原理与操控方式基本相同。

以下以比亚迪秦和丰田混合动力电动汽车为例,介绍混合动力电动汽车的起动与操控。

1)比亚迪秦混合动力电动汽车起动与操控

(1)起动前车辆检查。

检查充电电缆(充电枪)是否连接车辆,如图 4-2-8 所示。

(2)起动车辆。

携带起动钥匙,踩下制动踏板,按下转向盘下方的起动按钮,起动车辆。起动成功后,仪表显示车辆运行状态信息,如图 4-2-9 所示。

图 4-2-8 充电枪移出充电接口

图 4-2-9 仪表显示车辆运行状态信息

图 4-2-10 模式切换指示灯和 POWER 起动电源指示灯

(3)运行模式选择。

与纯电动汽车不同的是,混合动力电动汽车有两套能源(内燃机和动力蓄电池)。目前大多数车辆的两套能源系统是由车辆控制系统根据车辆运行状态自行切换的,但比亚迪秦在换挡杆附近设计有 HEV 和 EV 按钮,可以根据驾驶人的需求,手动切换两种运行模式,如图 4-2-10 所示。

(4)个性化设置。

驾驶车辆过程中,可以通过信息娱乐系统中的显示屏,个性化设置车辆的辅助功能,如图 4-2-11、图 4-2-12 所示。

图 4-2-11　车辆信息显示屏

图 4-2-12　车辆设置显示菜单

2）丰田混合动力电动汽车仪表及其他系统操控示例

如图 4-2-13 是丰田卡罗拉混合动力（双擎）汽车仪表与信息系统，仪表显示界面可以显示车辆状态、运行状况、挡位信息以及混合动力系统信息。

（1）READY 指示灯和能量表。

混合动力电动汽车取消了内燃机转速表，车辆在起动状态时内燃机不一定运转，因此设置单独的 READY 或 OK 指示灯来提示车辆的起动信息。如图 4-2-14 是丰田卡罗拉的 READY 指示灯及能量表、车速表。

图 4-2-13　丰田卡罗拉仪表与信息系统

（2）驱动模式开关及模式切换。

如图 4-2-15 所示，丰田卡罗拉有 EV（纯电）、ECO（经济）和 PWR（运动/性能）模式，可以进行手动模式切换。

图 4-2-14　丰田卡罗拉 READY 指示灯及能量表、速度表

图 4-2-15　丰田卡罗拉 EV、ECO、PWR 模式开关

打开 EV 开关，模式指示灯将点亮。在 EV 驱动模式下，仅通过由混合动力蓄电池供电的电机来驱动车辆。EV 行驶模式可以在以下情况被激活：

①车辆行驶速度达一定数值（40km/h）。

②内燃机已经暖机。

③动力蓄电池正常状态。

如图 4-2-16 所示，选择进入运动模式后，指示灯会自动变成红色。如果动力蓄电池电量不足，内燃机将对动力蓄电池充电，即自动进入充电模式。

如图 4-2-17 所示，当车辆进行制动减速时，混合动力系统自动进入能量回收模式，车辆的动能转化为电能对动力蓄电池充电，达到节能的目的。

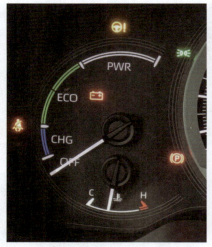
图 4-2-16　丰田卡罗拉驱动模式

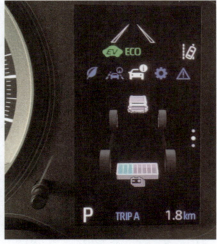
图 4-2-17　丰田卡罗拉制动能量回收模式

（3）仪表个性化设置。

丰田卡罗拉混合动力仪表可显示丰富的信息，并且可以根据个人喜好进行自定义切换，如图 4-2-18 和图 4-2-19 所示。

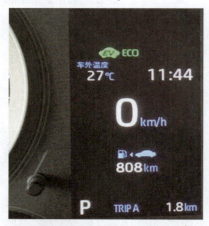

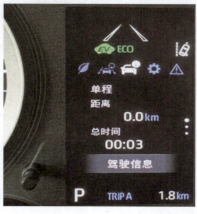

图 4-2-18　丰田卡罗拉仪表显示的丰富信息

(4)起动配置。

丰田卡罗拉混合动力车型标配一键起动系统,起动按键设计为时尚的混动蓝,如图 4-2-20 所示。

豪华车型配有卡片遥控钥匙,其他车型为普通遥控钥匙。为避免出现遥控钥匙因电量不足等原因造成不便,车辆配备机械钥匙,必要时可以用机械钥匙打开车门,如图 4-2-21 所示。

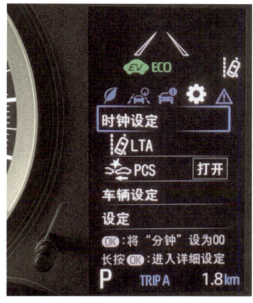

图 4-2-19　丰田卡罗拉仪表自定义界面

图 4-2-20　丰田卡罗拉一键起动按键

图 4-2-21　丰田卡罗拉遥控钥匙和机械钥匙

(5)操控配置。

丰田卡罗拉混合动力车型变速器采用电子换挡杆,挡位切换所需力度较轻,如图 4-2-22 所示。

(6)混合动力电动汽车能量图的识别。

以下以丰田混合动力电动汽车为例,介绍混合动力电动汽车能量图的识别。

起动车辆,并操作混合动力电动汽车信息显示屏,找到以下显示信息:

如图 4-2-23 所示,混合动力电动汽车的娱乐系统显示屏或仪表信息显示中心,均设计有车辆运行状态的实时能量图。能量图指示了行车过程中动力蓄电池与驱动电机之间电能的流动情况。

图 4-2-22　丰田卡罗拉电子换挡杆

图 4-2-23　混合动力电动汽车能量图显示界面

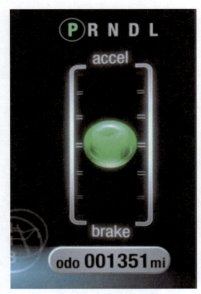

图 4-2-24 混合动力电动汽车能量球

能量图显示以下状态信息:
① 电源关闭:没有电能从动力蓄电池流向车轮。
② 动力蓄电池驱动:当电能从动力蓄电池流向车轮时,动力蓄电池图标会被激活。
③ 制动能量回收:当车辆进行再生制动或滑行时,再生的电能会由车轮返回至动力蓄电池。

如图 4-2-24 所示,有些混合动力电动汽车仪表中都会设计有一个类似功能的能量指示符号,该符号指导以有效率的方式驾驶,要求保持屏幕中球体为绿色,且处于仪表中间,此时车辆的燃油经济性或电力使用的效率最高。

当车辆加速时:如果球体变黄并向上运行,表示加速过猛,不利于效率最佳化。

当车辆制动时:如果球体变黄并向下运行,表示制动过猛,也不利于效率最佳化。

任务实施

(一)工作准备

(1)防护装备:常规实训工装。
(2)车辆、台架、总成:丰田普锐斯、丰田卡罗拉、比亚迪秦、荣威 550 混合动力,或其他类型混合动力电动汽车。

(二)实施步骤

本操作任务主要结合学过的知识,学会起动并操控混合动力电动汽车,记录并分析其运行模式。

1. 典型混合动力电动汽车仪表及混合动力模式操控

1)操作前准备
(1)检查并确认车辆无故障,如果是插电式混合动力电动汽车,需要提前充满电。
(2)将车辆四轮利用两柱举升机离地约 15~20cm。
(3)起动车辆前,必须确保车辆前方及车轮附近没有人。
2)丰田普锐斯仪表与混合动力控制按钮操作
以下以丰田普锐斯为例,介绍混合动力电动汽车的操作步骤。
(1)进入车辆,点火开关置于 ON 位置,观察车辆仪表显示信息。
(2)打开车辆娱乐系统信息中心显示屏,选择与混合动力电动汽车相关的显示选项,观察显示的信息。

(3)观察并使用车辆其他混合动力电动汽车功能按钮。

如图 4-2-25 所示,丰田普锐斯的仪表显示界面可以显示车辆状态、运行状况、挡位信息以及混合动力系统信息。

图 4-2-25　丰田普锐斯仪表与信息系统

①READY 指示灯。

丰田普锐斯混合动力电动汽车取消了内燃机转速表,车辆在起动状态下内燃机不一定运转,因此设置单独的 READY 指示灯来提示车辆的起动信息。

②DISP 显示信息。

按下转向盘上的 DISP 按钮(图 4-2-26),可以在显示屏上切换显示以下信息:

a. 能源指示器。

b. 混合动力系统指示器。

c. 油耗、时钟、里程等传统信息。

③EV 模式按钮。

打开 EV 开关(图 4-2-27),模式指示灯将点亮。在 EV 驱动模式下,仅通过由混合动力蓄电池供电的电机来驱动车辆。

图 4-2-26　普锐斯转向盘 DISP 按钮位置

图 4-2-27　普锐斯 EV 模式开关

EV 行驶模式可以在以下情况被激活:

a. 车辆行驶速度达 40km/h。

b. 内燃机已经暖机。

c. 动力蓄电池正常状态。

3)比亚迪秦仪表显示信息及指示灯

以下以比亚迪秦混合动力电动汽车为例,介绍混合动力电动汽车的仪表显示信息及指示灯。

比亚迪秦混合动力电动汽车仪表有两种显示模式,如图 4-2-28 所示。

图 4-2-28　比亚迪秦的仪表(两种显示模式)

组合仪表的部分指示灯含义如表 4-2-1 所示。

比亚迪秦仪表指示灯含义　　　　　　　　　　　　表 4-2-1

指示灯图案	指示灯名称	说　　明
OK	系统准备就绪指示灯	系统自检正常(有的车型显示 READY)
EV	纯电模式指示灯	处于纯电模式时点亮
HEV	混合动力模式指示灯	处于混合动力模式时点亮
ECO	经济模式指示灯	处于经济模式时点亮
sport	运动模式指示灯	处于运动模式时点亮
(插头图案)	动力蓄电池充电连接指示灯	工作于所有电源位置:硬线传输,(车端)插上充电枪时,点亮指示灯
(油枪图案)	动力蓄电池电量低指示灯	剩余电池容量≤20%,指示灯点亮; 剩余电池容量>20%,指示灯熄灭

续上表

指示灯图案	指示灯名称	说　明
	电机过热警告灯	驱动电机过热时点亮
	电机冷却液温度过高警告灯	电机冷却液温度过高时点亮
	动力系统故障警告灯	动力系统故障时点亮
	充电系统故障警告灯	充电系统故障时点亮
	动力蓄电池故障指示灯	动力蓄电池系统故障时点亮
	动力蓄电池过热警告灯	动力蓄电池过热时点亮

2. 典型混合动力电动汽车的运行模式识别及分析

警告：

整个操作过程必须由实训教师在举升机上完成，学生仅通过显示装置记录显示结果！

车辆运行期间，严禁车辆前后站立学生！

释放车辆驻车制动，并将挡位挂入D挡，尝试运行以下形式状态，记录并分析能量图显示的状态。

1）操作步骤

（1）空载起步。

（2）加速。

（3）匀速。

（4）急加速。

(5)释放加速踏板滑行。
(6)制动车辆。
2)混合动力电动汽车运行模式识别及分析
(1)纯电动模式。
纯电动模式(图4-2-29),由动力蓄电池给驱动电机供电,再由电机驱动车辆行驶。

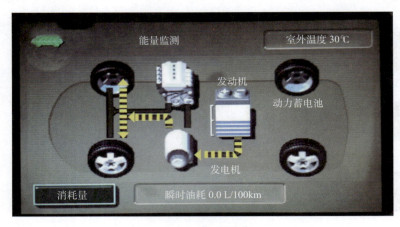

图4-2-29　纯电动模式

(2)传统燃油模式。
传统燃油模式(图4-2-30),由发动机直接驱动车辆行驶。

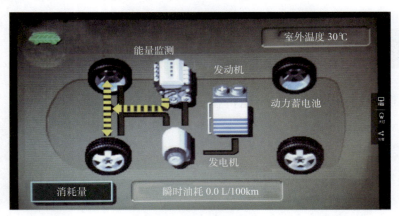

图4-2-30　传统燃油模式

(3)能量回收模式。
能量回收模式(图4-2-31),在制动或惯性滑行中释放出多余能量,并通过发电机将其转化为电能。
(4)怠速充电模式。
怠速充电模式(图4-2-32),由发动机带动发电机给动力蓄电池充电。
(5)驱动与发电模式。
驱动与发电模式(图4-2-33),由发动机驱动车辆行驶,驱动轮牵引电机给动力蓄电池供电。

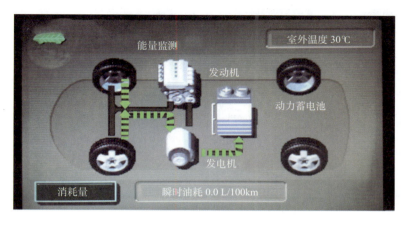

图 4-2-31　能量回收模式

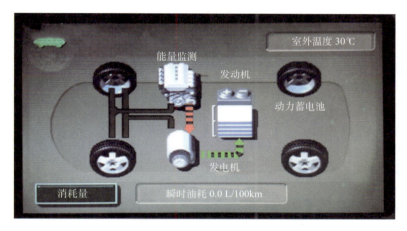

图 4-2-32　怠速充电模式

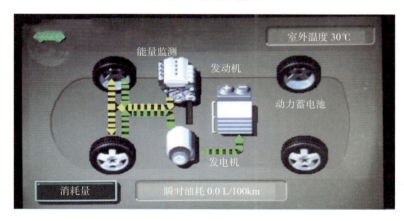

图 4-2-33　驱动与发电模式

（6）全速驱动模式。

全速驱动模式（图 4-2-34），需求更大加速度时，电机和发动机一起传输动力驱动车辆行驶。

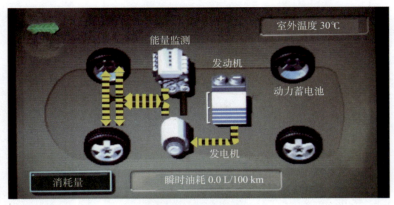

图 4-2-34　全速驱动模式

学习测试

1. 填空题

（1）纯电力运行模式时，内燃机处于_____状态，只靠_____驱动车辆行驶。

（2）有的混合程度_____车型，在起步时驱动电机也会辅助内燃机驱动，减少内燃机起步时因为惯性阻力增加导致_____的加大。

（3）动力蓄电池电量过低时，由_____驱动车辆行驶的同时，驱动轮牵引_____为动力蓄电池充电。

（4）能量图显示动力蓄电池驱动状态信息，电能从_____流向_____时，动力蓄电池图标会被激活。

（5）丰田普锐斯的仪表显示界面可以显示_____、运行状况、挡位信息以及_____系统信息。

2. 判断题

（1）在车辆处于高速巡航的状态下，内燃机的运行也是在最经济的油耗下进行的。（　　）

（2）有些混合程度较轻的车型，在起步时也是由纯电力驱动，内燃机处于关闭状态。（　　）

（3）车辆减速时，控制系统会优先执行制动能量回收，内燃机会被关闭。（　　）

（4）充电电缆（充电枪）连接车辆时，车辆不能运行。（　　）

（5）所有混合动力电动汽车的运行模式都是由车辆控制系统根据车辆运行状态自行切换的。（　　）

3. 单项选择题

（1）混合动力电动汽车驱动电机和内燃机一起传输动力驱动车辆行驶的运行模式是（　　）。

　　A. 纯电力模式　　　　　　　　　　B. 传统燃油模式
　　C. 全速驱动模式　　　　　　　　　D. 驱动与发电模式

（2）混合动力电动汽车运行时，动力蓄电池处于充电状态的模式是（　　）。

A. 驱动与发电模式　　　　　　　　B. 怠速停机及充电模式
C. 能量回收模式　　　　　　　　　D. 以上都是

(3)丰田卡罗拉可以进行手动模式切换的模式包括(　　)。
A. EV(纯电)　　　　　　　　　　B. ECO(经济)
C. PWR(运动/性能)　　　　　　　D. 以上都是

(4)混合动力电动汽车在制动运行工况下,驱动电机的功能或状态是(　　)。
A. 驱动车辆继续加速　　　　　　B. 作为发电机回收能量
C. 代替内燃机起到辅助制动　　　D. 断电空转

(5)混合动力电动汽车在自动停机期间,如果动力蓄电池电量过低,内燃机的运行状态(　　)。
A. 停止运转　　　B. 无法起动　　　C. 起动并怠速运行　　　D. 高速运行

项目五

其他能源动力汽车结构原理认知

本项目主要介绍其他能源动力汽车结构原理的认知,分为两个任务学习。
任务1　燃料电池电动汽车结构原理认知;
任务2　替代燃料汽车结构原理认知。
通过以上2个任务的学习,你将能够熟悉燃料电池技术和常见的燃料电池电动汽车类型,并了解当前替代燃料汽车常见的替代燃料,以及典型替代燃料汽车的类型和技术特点。

任务1　燃料电池电动汽车结构原理认知

燃料电池电动汽车作为零排放、零油耗被越来越多的汽车厂商所青睐。作为一名新能源汽车专业的人员,你的主管让你为客户做一个关于燃料电池电动汽车的报告,你能胜任此项任务吗?

● 知识要求

1. 能够描述燃料电池的类型;
2. 能够描述 PEM 燃料电池的结构与工作原理;

其他能源动力汽车结构原理认知 项目五

3. 能够描述燃料电池电动汽车的结构与工作原理;
4. 能够描述典型的燃料电池电动汽车的结构与工作原理。

能力要求

能够检索市场上典型燃料电池电动汽车品牌,并归纳说明其功能差异。

素质要求

1. 培养良好的职业道德和工匠精神;
2. 培养安全意识和团队协作精神;
3. 培养自我管理和自主学习能力。

相关知识

1. 燃料电池概述

1) 氢能源与燃料电池

氢(H)是地球上最丰富的元素之一,但是它不能以氢气(H_2)的形式单独存在,在自然界中氢是和氧(O)以水(H_2O)的形式共同存在的。在很多化合物中也能找到氢,例如天然气、甲醇、原油等。

氢是一种优质燃料,与等量的化石燃料相比,它的比能非常高。1kg氢的能量是1kg汽油能量的3倍。要把氢存储起来用作燃料,必须进行一系列工序把这些物质分离出来,如图5-1-1所示。

燃料电池是一种把氢氧化学能转化成电能的电化学装置,如图5-1-2所示。在燃料电池内发生的化学反应与水的电解过程刚好相反,电解是通过施加电流将水分解成其组成成分为氢和氧的过程,在电解时需要消耗能量。

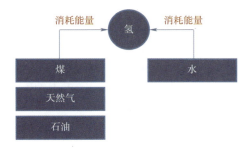

图 5-1-1 氢的分离过程　　　　　图 5-1-2 典型燃料电池外观

2) 燃料电池的优点

燃料电池产生电能,并且由于氢和氧提供电能给燃料电池,所以燃料电池本身不会产生任何碳排放,排放的只有水和热量。

燃料电池的能量效率也比一般内燃机高,由内燃机提供动力车辆的能量效率只有15%~20%,而燃料电池电动汽车的能量效率能达到40%以上。

此外,如果利用燃料电池作为汽车,其运动部件非常少,稳定性更强。

3)燃料电池应用于汽车存在的问题

虽然目前很多汽车制造商开始设计和研发燃料电池电动汽车,并致力于提高燃料电池系统的设计,但是没有一款由燃料电池提供动力的汽车能够量产化生产。原因主要是成本高、缺少加燃料的基础设施、无安全保障、汽车续驶里程不足,以及不能够经久耐用和冷起动问题等。这些都影响和制约了燃料电池电动汽车的发展。

4)燃料电池的类型

燃料电池的类型很多,主要的区别在于所用的电解质种类不同。有些电解质常温下运行效果很好,而有些需要在温度高达900℃的情况下才能正常工作。表5-1-1所示为目前比较常见的燃料电池。

常见的燃料电池类型　　　　　　　　　　表5-1-1

项目	类型			
	PAFC 磷酸燃料电池	PEM 质子交换膜燃料电池	MCFC 熔融碳酸盐燃料电池	SOFC 固态氧化物燃料电池
电解质	磷酸	磺酸聚合物	锂、钾碳酸盐	稳态钇氧化锆
燃料	天然气、氢	天然气、氢	天然气、合成气	天然气、合成气
工作温度(℃)	182~210	80~100	593~704	649~1815
电效率(%)	40	30~40	43~44	50~60
制造商	ONSI公司	艾维斯塔、PP公司等	IHI、日立、西门子	霍尼韦尔公司
应用	固定电源	汽车、移动电源	工业及公共电源	固定电源

最适合汽车使用的燃料电池是PEM电池,也称为质子交换膜电池。PEM燃料电池必须用氢作为能源,可以是直接存储在车辆上的氢,或是由另一种燃料生成的氢。

2. PEM燃料电池结构原理

质子交换膜燃料电池发电过程不涉及氢氧燃烧,能量转换率高,发电时不产生污染,发电单元模块化,可靠性高,组装和维修都很方便,工作时也没有噪声。所以,质子交换膜燃料电池是一种清洁、高效的绿色环保电源。在燃料电池内部,质子交换膜为质子的迁移和输送提供通道,使得质子经过膜从阳极到达阴极,与外电路的电子转移构成回路,向外界提供电流。因此,质子交换膜的性能对燃料电池的性能起着非常重要的作用,其性能的好坏,直接影响电池的使用寿命。

1)工作原理

在原理上,质子交换膜燃料电池相当于电解水的"逆"装置。其单电池由阳极、阴极和含催化剂涂层的质子交换膜构成,阳极为氢燃料发生氧化的场所,阴极为氧化剂还原的场所,两极都含有加速电极电化学反应的催化剂,质子交换膜作为电解质。工作时,相当于一个直流电源,其阳极为电源负极,阴极为电源正极,其工作原理如图5-1-3、图5-1-4所示。

其他能源动力汽车结构原理认知　项目五

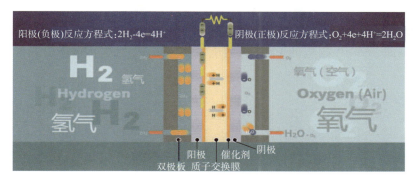

图 5-1-3　FEM 电池工作原理示意图

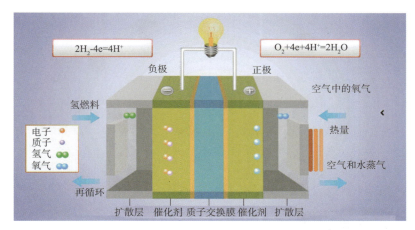

燃料电池
工作原理

图 5-1-4　燃料电池工作原理

氢气直接被输送到负极,氧气直接被输送到正极。氢以分子的形式被输送至负极,在有催化剂的情况下氢气被分解成 H + 离子(质子)。通过外电路输送氢原子的电子(e－)产生用于进行工作的电。然后,这些相同的电子被送到正极,通过膜返回的 H + 离子在有催化剂的情况下,在正极与氧发生化学反应产生水和热量。

2)燃料电池堆

单个燃料电池单元本身没有多少用途,因为它产生的电动势小于1V。运用在汽车上的燃料电池通常是把数百个燃料电池单元组合在一起做成一个燃料电池堆,如图 5-1-5 所示。在这种布置中,燃料电池单元首尾连接串联在一起,这样的电池堆的总电压是每个燃料电池单元电压的总和。汽车中的燃料电池堆含有约 400 多个燃料电池单元。

图 5-1-5　汽车用燃料电池堆

燃料电池堆的总电压由组成该电池堆的电池数量决定。然而电池堆的产能能力由电极的表面积决定。由于燃料电池堆的输出功率与电压和电流都有关系,所以增加电池数量或者增大电池的表面积都能提高输出功率。根据车辆所需要的输出功率及空间限制,有些燃料电池车使用多个电池堆。

117

3）甲醇燃料电池

由于采用氢作为燃料电池燃料时,存储氢需要使用的高压汽缸的成本和安全性均不是很理想。因此,另一种改进的 PEM 燃料电池方法是用液态甲醇替代氢气,如图 5-1-6 所示。

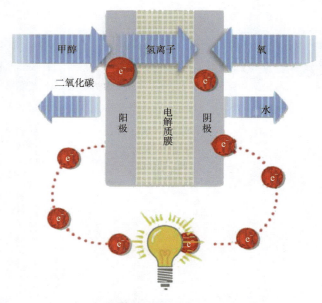

图 5-1-6　甲醇燃料电池用甲醇取代了氢气作为燃料

图 5-1-7　直接甲醇燃料电池的加注方式与汽油车相似

制造甲醇最常用的方法是用天然气合成甲醇,甲醇的化学式是 CH_3OH。甲醇比气态氢的能量密度更高,因为常温下它以液态形式存在,无需使用压缩机或其他高压设备。使用液态燃料取代高压气体给燃料汽车添加燃料,添加过程将更加简单,几乎类似于燃油添加汽油,如图 5-1-7 所示。

但是,甲醇本身具有腐蚀性,不能存储在现有的燃油箱中,需要一个专门的装置单独处理和存储甲醇。此外,在甲醇燃料电池中,甲醇穿过膜装置会降低电池的工作性能。直接甲醇燃料电池的结构中也需要大量的催化剂,这些问题导致其成本升高。

3. PEM 燃料电池电动汽车的结构与工作原理

燃料电池电动汽车是指以燃料电池作为动力蓄电池,依靠电动机驱动的汽车,其基本驱动原理如图 5-1-8 所示。燃料电池车辆是无污染汽车,燃料电池的能量转换效率比内燃机要高 2～3 倍,从能源的利用和环境保护方面而论,燃料电池电动汽车是一种理想的车辆。

燃料电池电动汽车的主要结构是上述的燃料电池堆及相应的附属装置,图 5-1-9 所示为本田 FCX 燃料电池电动汽车的动力传动示意图,其组成部件及功能如下。

其他能源动力汽车结构原理认知 项目五

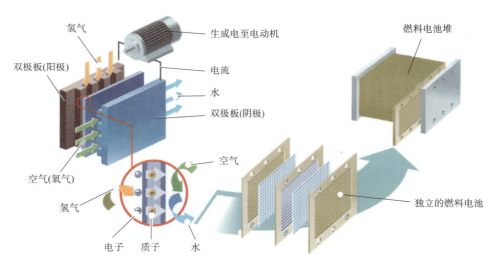

图 5-1-8 燃料电池电动汽车驱动原理图

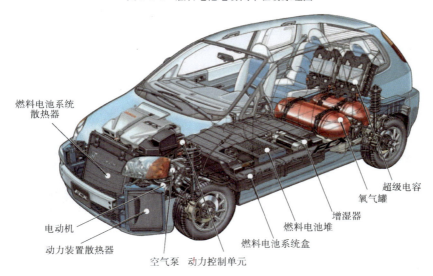

图 5-1-9 本田 FCX 燃料电池电动汽车动力系统结构示意图

1）增湿器

增湿器位于燃料电池系统盒内,在通往电池堆阴极的空气管道里面。

PEM 燃料电池的水管理系统非常重要,水太多会妨碍氧气与正极接触,水太少会使电解质变干,降低其电导性。燃料电池内水的多少及其位置对确定燃料电池的起动温度有很大影响,因为水在燃料电池内会结冰进而阻碍电池的起动。增湿器的作用是通过让正在阴极蒸发的水分循环给燃料电池提供充足的水分。

2）燃料电池冷却系统

正常工作过程中燃料电池会产生热量。余热会导致聚合物电解质膜损坏,所以必须用液体冷却系统把余热从燃料电池堆中带走。燃料电池产生的热属于低品位热能,在冷却液与周围空气之间的温度差别很小,这种情况下,热转移会很慢,必须用表面积非常大的散热器。如图 5-1-10 所示,本田 FCX 散热器用一个大散热器冷却燃料电池,两个小散热器冷却传动机构。

有些情况下,如果前机舱位置不够,散热器也会被安装在其他位置,例如在本田 FCHV 车型的下面装了一个辅助散热器来提高冷却系统的散热能力。

3) 空气泵

在所有行驶条件下,必须以适当压力和流速给燃料电池堆送风使电池堆正常工作。车载空气泵把大气压缩后输送给燃料电池的正极就能达成此功效。

4) 二次电池

在燃料电池电动汽车的动力系统中设计辅助的二次电池,可以提高汽车的驾驶性能。因为辅助的二次电池能够立即提供能量给驱动电机,并且克服了燃料电池造成的加速滞后情况。

(1) 高压电池。

大多数燃料汽车采用镍氢电池作为二次电池,通常安装在汽车后部,如图 5-1-11 所示。二次电池的构造与其他类型电动汽车的动力蓄电池一致,由很多单个电池串并联构成一个高压电池组。

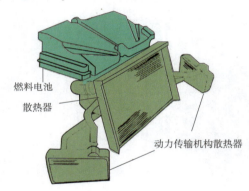

图 5-1-10 本田 FCX 散热器

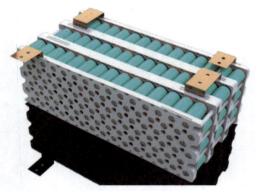

图 5-1-11 高压电池组

(2) 超级电容器。

电池中存储电能的另一种形式是超级电容器。电容器是一种能阻止直流电、允许交流电通过的电气设备。然而,电容器也能利用正负电荷之间的静电吸引存储电能。

超级电容器与传统电容器的构造大不相同。超级电容器是建立在双电层理论基础上的一种全新电容器,其中两个活性炭电极浸在有机电解液里。电极的表面积非常大,被膜隔开,允许离子移动但是能阻止两个电极接触,如图 5-1-12 所示。由于离子在电解液内移动,所以发生充电和放电情况,但是并没有发生化学反应。超级电容器能够快速、高效地充放电,这个特点使得超级电容器很适合作为辅助二次电池使用在燃料电池电动汽车上。

用于燃料电池电动汽车的超级电容器由多个并联在一起的圆柱形电池组成,这样的效果是总电容等于各个单电池电容的总和。例如,10 个并联在一起的 1.0F 的电容器的总电容是 10.0F。电容越大,表示存储电能力越强,从而给燃料电池电动汽车内的电动机辅助力就越大。

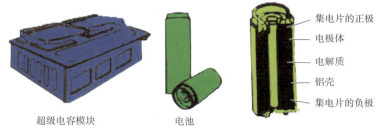

图 5-1-12　超级电容器模块及单个电池的结构

5) 燃料电池电动汽车的驱动电机

用于燃料电池电动汽车的驱动电机与目前混合动力电动汽车内的驱动电机非常相似,普通驱动电机以交流同步设计为基础,有时也用直流无刷电机。交流电机不使用换向器或者电刷,取而代之的是三相定子和永磁转子,如图 5-1-13 所示。燃料电池电动汽车同样需要用逆变器(驱动电机控制器)产生电机需要的三相高压交流电,并控制电机运转。虽然电机本身结构简单,但是起动和控制系统却相对复杂。

图 5-1-13　驱动电机结构

6) 变速驱动桥

除氢燃料外,燃料电池电动汽车的高效纯节能还体现在电传动技术上。燃料电池电动汽车使用的驱动电机,只能简单地减小它们的最终传动,需要用一个差速器把动力输送到主动轮。无须换挡,完全取消了如液力变矩器、离合器等机构。也不用倒车挡,只给驱动电机反向供电即可实现倒车。燃料电池电动汽车的变速驱动器如图 5-1-14 所示。

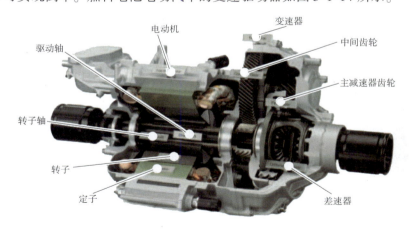

图 5-1-14　变速驱动桥总成

用于燃料电池电动汽车的变速驱动桥非常简单,几乎没有运动件,因而结构稳定耐用,运转平稳无噪声。

7) 电源控制单元(PCU)

燃料电池电动汽车的传动机构由电源控制单元(PCU)控制燃料电池的输出功率,并给各部件供电。PCU具备逆变器(驱动电机控制器)的功能,把燃料电池堆输出的直流电转变成三相交流电,控制驱动电机运转,如图5-1-15所示。

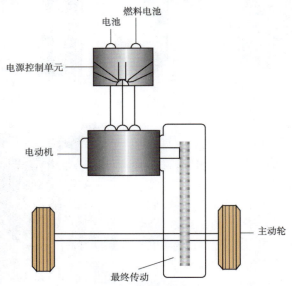

图5-1-15　丰田燃料电池车辆电源控制单元控制各个部件之间电流关系

在燃料电池电动汽车能量再生制动过程中,驱动电机充当发电机,将汽车的动能转变成高压电池组充电的电能。PCU必须将电机的三相交流电压转变成直流电压输送给电池,燃料电池输出的直流电也通过PCU的控制给高压电池组充电。

4. 典型的燃料电池电动汽车

1)本田燃料电池电动汽车

本田FCX自1999年首次发布"FCX-V1"燃料电池试验车后,先后经过了"FCX-V2""FCX-V3""FCX-V4"和"FCX"五代艰苦的开发历程。2002年"FCX"世界首次取得美国政府认定;同年9月"FCX"世界首次获得美国环境保护厅(EPA)"零污染车辆"认定(图5-1-16)。2002年12月2日,本田同时向日本政府和美国洛杉矶市政府交付了首批FCX,成为世界上第一家实现商品化销售的燃料电池车生产厂家。

(1) FCX主要组成部件及位置(图5-1-17)。

①动力控制单元(PCU)。PCU结构更加紧凑,置于电动机之上。这样装置,是为了在前部受到撞击时,可以保护一些高压的部件。

图5-1-16　本田FCX车型

②集成的电动机和变速器装配。紧凑的设计,让这套组合进入到小型车内成为可能。

③超级电容。位置微斜置于后座位之后,确保足够的行李舱空间。

④后车架结构。双段式后车架,包含一个副车架,可以在撞击时有效地保护储氢罐。

⑤散热器。由于采用了紧凑的电动机和变速器,因此可以使用一个更大的燃料电池系统散热器,微斜置于车头的两侧还安装了稍小的散热器,供驱动系统散热。

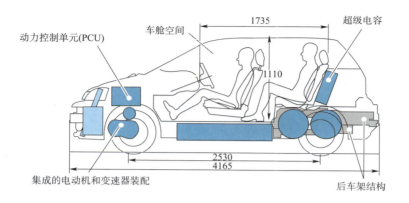

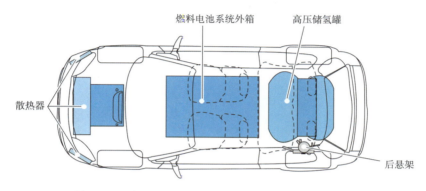

图 5-1-17 本田 FCX 主要组成部件及位置(尺寸单位:mm)

⑥燃料电池系统外箱。外箱包括燃料电池堆及其他动力生成部件,位于地板之下,以保证足够的车舱空间。

⑦高压储氢罐。位于后座之下,以确保足够的行李舱空间。

⑧后悬架。悬架的安装与高压储氢罐和副车架保持一致,易于安装。

⑨组合仪表。本田 FCX 的仪表与传统汽车相比,主要增加了超级电容容量显示和超级电容充电显示,并同时显示出动力输出显示,如图 5-1-18 所示。

图 5-1-18 本田 FCX 组合仪表

(2)本田 FCX 的运行模式。

①起步和加速时。输出由燃料电池堆和超级电容提供,如图 5-1-19 所示。超级电容在极短的时间内辅助燃料电池达到最大的性能。

②轻微加速和巡航时。输出只由燃料电池提供,如图 5-1-20 所示。燃料电池负责给电动机提供必需的动力,电容不用辅助。

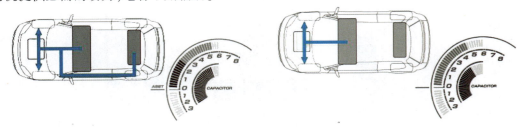

图 5-1-19　起步和加速时　　　　　　　　图 5-1-20　轻微加速和巡航时

③减速时。能量被回收存储在超级电容里,如图 5-1-21 所示。超级电容能回收在制动时产生的能量,有效地提高能源效率。

④停车时。怠速停车,如图 5-1-22 所示。自动怠速停车系统将切断从燃料电池输送过来的输出,以节省燃料消耗。系统在感应到驾驶人操纵的起步信号后,可迅速由燃料电池和超级电容协同提供所需的动力。

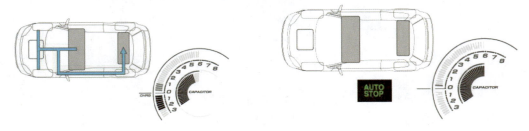

图 5-1-21　减速时　　　　　　　　　　图 5-1-22　停车时

2) 奔驰 B 级 F-Cell 燃料电池车

在 2005 年的日内瓦车展上,当年的戴姆勒·克莱斯勒作为燃料电池驱动的先行者,发布了新一代燃料电池电动汽车——奔驰 B 级燃料电池车,从而将燃料电池电动汽车家族的车型范围拓展到运动旅行车。

作为一款适合旅行、家庭和休闲的汽车,B 级 F-Cell 燃料电池车采用了奔驰创新的夹层式车身结构,这种独特的设计,非常便于应用燃料电池动力系统,如图 5-1-23 所示。B 级 F-Cell 燃料电池车的高转矩电动机,能输出超过 100kW 的功率,比前一代 A 级燃料电池车的功率高出 35kW。在这惊人的技术数据背后,暗示着 B 级 F-Cell 燃料电池车充满活力的驾驶感受与零排放运行的完美融合。

在减少了燃料消耗并进一步提高了存储容量之后,B 级 F-Cell 燃料电池车的续驶里程已达约 400km。2009 年底,B 级 F-Cell 燃料电池车型正式投入批量生产,首批 200 台于 2010 年初交付欧洲和美国消费者。

3) 通用燃料电池电动汽车车型

基于欧宝赛飞利的"氢动三号"燃料电池电动汽车,由 200 块相互串联在一起的燃料电池单元组成的燃料电池堆产生电力。燃料电池堆所产生的电能传递给电动机后,通过功率为 60kW 的三相异步电动机驱动车辆行驶,几乎不产生任何噪声。"氢动三号"0～100km/h

的加速时间约为16s,最高时速达到150km/h。氢储存罐分为两种,一种罐内储存的是温度为-253℃的液态氢,另一种罐内储存的是承受最高压力可达70MPa(700bar)的压缩氢。一次充气行驶里程分别可达400km和270km。

图5-1-23 奔驰F-Cell燃料电池电动汽车结构图

通用燃料电池电动汽车结构如图5-1-24所示。

图5-1-24 通用燃料电池电动汽车结构组成

4)上汽荣威燃料电池电动汽车

2017中国国际工业博览会上,上汽集团推出了燃料电池轿车荣威950、燃料电池轻型客车大通FCV80。

荣威950燃料电池轿车(图5-1-25)是目前国内唯一一款实现公告、销售和上牌的燃料电池轿车。其具备"动力蓄电池+燃料电池"双动力源,可实现纯电动、混动和制动能量回收等模式,同时具备外接电源慢充功能,实现了真正意义上的能源多元化。荣威 950 燃料电池轿车最大续驶里程达到 430km,能在零下 20℃环境温度下启动。

上汽大通 FCV80(图 5-1-26)是国内最早且唯一商业化的燃料电池宽体轻型客车,也是采用最新一代氢燃料电池系统为动力源开发的可插电式双动力源燃料电池电动汽车。其搭载了最适合汽车使用的质子膜燃料电池,以及 35MPa 高密度储氢系统,同时拥有以燃料电池系统为主,动力蓄电池为辅的双动力源,使用便利性极高,3~5min 的加氢时间,单次加氢续驶里程 430km,类似传统燃油汽车且优于普通类型的纯电动车型。FCV80 的噪声水平也与纯电动汽车相当,环境亲和性强,真正实现了完全绿色、无污染、低噪声、零排放。

图 5-1-25　荣威 950 燃料电池轿车　　　　图 5-1-26　上汽大通 FCV80 燃料电池轻型客车

任务实施

(一)工作准备

(1)防护装备:常规实训工装。

(2)车辆、台架、总成:燃料电池工作示教板,或燃料电池工作模型。

(二)实施步骤

本任务主要包括 2 个子任务:

1. 分析说明燃料电池类型及工作原理

根据实训中心的燃料电池示教板,分析并说明示教板所示燃料电池的类型以及燃料电池的工作原理。

2. 检索燃料电池电动汽车资料

查找当前市场上典型的燃料电池电动汽车,并归纳相应品牌燃料电池电动汽车涉及的以下信息。

(1)燃料电池电动汽车的技术发展。

(2)燃料电池电动汽车所采用的燃料电池类型。

(3)燃料电池电动汽车的基本结构。

学习测试

1. 填空题

（1）燃料电池是一种把_____转化成电能的电化学装置。在燃料电池内部发生的化学反应与水的_____刚好相反。

（2）最合适汽车使用的燃料电池是PEM电池，也称为_____电池。

（3）制造甲醇最常用的方法是用_____合成甲醇，常温下它以_____存在。

（4）超级电容器是建立在_____理论基础上的一种全新电容器，其两个活性炭电极浸在_____里。

（5）燃料电池电动汽车的_____由电源控制单元（PCU）控制。

2. 判断题

（1）燃料电池本身不会产生任何碳排放，排放的只有水和热量。（   ）

（2）燃料电池工作中，氢气直接被输送到正极，氧气直接被输送到负极。（   ）

（3）燃料电池产生的热转移很快，无需使用散热器。（   ）

（4）大多数燃料电池电动汽车设计中用三元锂电池作为二次电池。（   ）

（5）除氢燃料外，燃料电池电动汽车的高效纯节能还体现在电传动技术上。（   ）

3. 单项选择题

（1）燃料电池是通过_____和_____反应产生电能（   ）。
　　A. 汽油/氧气　　B. 氮气/氧气　　C. 氢/氧　　D. 水/氧

（2）燃料电池的排放物是（   ）。
　　A. 水　　B. 二氧化碳　　C. 一氧化碳　　D. 烟尘

（3）最常用于给汽车供电的燃料电池类型是（   ）。
　　A. PAFC　　B. PEM　　C. MCFC　　D. SOFC

（4）可以使用哪种液态燃料直接给燃料电池供电（   ）。
　　A. 甲醇　　B. 乙醇　　C. 生物柴油　　D. 汽油

（5）以下哪个部件不属于燃料电池电动汽车（   ）。
　　A. 驱动电机　　B. 内燃机　　C. 逆变器　　D. PEM燃料电池

任务2　替代燃料汽车结构原理认知

提出任务

替代燃料汽车技术作为当前新能源汽车的另一个发展方向，虽然现在市场上很少有此类新能源汽车,但是在未来燃料提炼技术的进一步发展,替代燃料汽车也作为一个其中的发展方向。

你能向其他人介绍当前有哪些类型的替代燃料汽车吗?

任务要求

知识要求

1. 能够描述燃气类汽车的常见类型;
2. 能够描述生物燃料汽车的燃料类型;
3. 能够描述氢气汽车的组成结构与工作原理;
4. 能够描述典型的替代燃料汽车的特点。

能力要求

1. 能够查询和分析典型燃气类汽车的特点;
2. 能够查询和分析典型生物燃料类汽车的特点;
3. 能够查询和分析典型氢气汽车的结构特点。

素质要求

1. 培养良好的职业道德和工匠精神;
2. 培养安全意识和团队协作精神;
3. 培养自我管理和自主学习能力。

相关知识

1. 燃气汽车

以可燃气体为燃料的汽车称为燃气汽车。常见的燃气汽车有压缩天然气汽车(CNGV)、液化天然气汽车(LNGV)、液化石油气汽车(LPGV)。它们分别以压缩天然气、液化天然气和液化石油气为燃料。也有与传统汽油、柴油配合使用的,称为双燃料汽车。其中,氢气汽车(HICEV)则是正在研发的最有前景的燃气汽车。

1) 压缩天然气汽车(CNGV)

压缩天然气汽车(Compressed Natural Gas Vehicle,CNGV)使用的燃料是压缩的天然气,是天然气压缩到20MPa并以气态储存在容器中。它的主要成分是甲烷(CH_4),气体密度约 $0.8kg/m^3$,热值约 $38MJ/m^3$,燃点约450℃,无色、无味、无毒、无腐蚀性、易燃易爆、燃烧充分、不留炭黑和杂质,被誉为"绿色燃料"。

天然气汽车结构如图 5-2-1 所示,天然气和汽油加注口如图 5-2-2 所示。

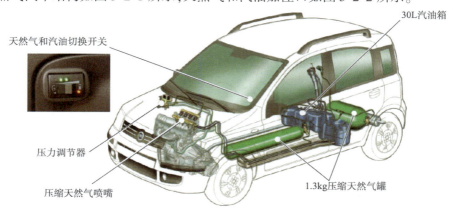

图 5-2-1 压缩天然气汽车(CNGV)的结构

2)液化天然气汽车(LNGV)

液化天然气汽车(Liquefied Natural Gas Vehicle,LNGV)使用的燃料是液化的天然气(图 5-2-3),是天然气经过超低温深冷到 -162℃ 形成的,成分与压缩天然气相同,其体积约为同量气态天然气体积的 1/600。液体密度约 450kg/m³。LNGV 目前大多数应用于商用车。

图 5-2-2 压缩天然气汽车汽油加注口

图 5-2-3 LNGV 的液化储气罐

3)液化石油气汽车 LPGV

液化石油气汽车(Liquefied Petroleum Gas Vehicle,LPGV)使用的燃料是液化石油气(LPG),是从石油中提炼出来的,主要成分是丙烷。LPG 的加注状态和加注口位置如图 5-2-4 所示。

图 5-2-4 LPG 的加注状态和上面的加注口

使用压缩天然气(CNG)和液化石油气(LPG)汽车的优点:

(1)有害气体排放低。天然气和液化石油气在常温下为气态,容易与空气混合形成均匀的可燃混合气,燃烧完全,可以大幅度减少CO、HC和微粒的排放。另外,天然气和液化石油气的火焰温度低,因此,NO的排放量也相应减少。

(2)热效率高。天然气辛烷值高达130,因此可提高发动机的压缩比,从而获得较高的发动机热效率。

(3)冷起动性和低温运转性能良好。在暖机期间无需加浓混合气。

(4)可以燃用稀混合气。其燃烧界限宽,稀燃特性优越,可以减少NO的生成和改善燃料的经济性。

(5)延长润滑油更换周期。因其不稀释润滑油,可以延长润滑油更换周期和发动机使用寿命。

存在的不足:

(1)燃气的储运性能差。因为天然气在常温、常压下是气体,所以体积大,储运性能差。目前,广泛采用将天然气压缩到20MPa高压或将石油气压缩到1.6MPa,充入车用气瓶内储运的办法,这些气瓶既增加了汽车自重,又减少了载货空间。

(2)一次充气的续驶里程短。动力性能有所下降。CNG或LPG均呈气态进入汽缸,使发动机充气系数降低;另外,与汽油或柴油相比,CNG或LPG的理论混合气热值小,因此,CNG或LPG将使发动机功率下降。

(3)LNG的制取比CNG更复杂,而且在常温下只有保持在-162℃以下才能呈现为液态,故LNG的气瓶和传输管路需要具有良好的绝热性能,其设计制造复杂,成本较高。

2. 生物燃料汽车

生物燃料(Bio-Fuel)是由生物原料生产的燃料,这些生物原料包括农林产品或其副产品、工业废弃物、生活垃圾等。农业和林业生产的碳水化合物是目前的主要生物原料,目前我们所说的生物燃料一般是指生物液体燃料,最广泛使用的是醇类燃料和生物柴油。

1) 醇类燃料

使用醇类燃料(甲醇、乙醇等)的汽车统称为醇燃料汽车。使用甲醇燃料的汽车也称甲醇汽车,使用乙醇(酒精)燃料的汽车也称乙醇汽车,同时使用甲醇/乙醇与汽油的汽车也称为灵活燃料汽车FFV(Flexible Fuel Vehicle)。

醇类燃料主要以玉米、小麦、薯类、糖或植物等为原料,经发酵、蒸馏而制成,再经过进一步脱水和不同形式的变性处理后成为醇类燃料,如图5-2-5所示。

醇类燃料一般不会直接用作汽车燃料,而是按一定的比例与汽油混合在一起使用,这有利于增加燃料的辛烷值。例如,按照我国的国家标准,乙醇汽油是用90%的普通汽油与10%的燃料乙醇调和而成。醇类燃料可以有效改善油品的性能和质量,降低一氧化碳、碳氢化合物等主要污染物排放。它不会影响汽车的行驶性能,还能减少有害气体的排放量。当在汽油中掺兑少于10%的乙醇时,对车用汽油发动机无需进行大的改动,即可直接使用乙醇汽油。

例如,F-250 Super Chief氢燃料概念车(图5-2-6)配备了可同时使用汽油、乙醇及氢燃料的发动机"TRI-FLEX";一次加满汽油、E85 燃料或氢以后,行驶里程可达 805km。使用氢燃料行驶,燃烧效率可提高 12%、CO_2 排放可减少 99%;使用 E85 燃料行驶,燃烧效率可提高 10%,CO_2 排放可减少 75% 左右。

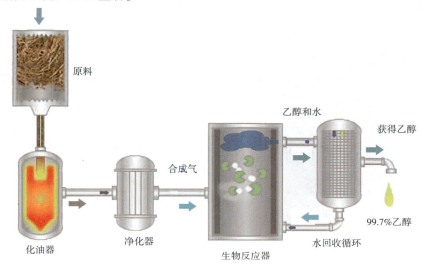

图 5-2-5　获得乙醇的流程

2)生物柴油

生物柴油是指以油料作物、野生油料植物和微藻等水生植物油脂以及动物油脂、餐饮垃圾油等为原料油通过酯交换工艺制成的可替代石化柴油的再生性柴油燃料。

作为一种可替代石化燃料的可再生燃料,生物柴油具有以下多个特点:

(1)它是以可再生的动物及植物脂肪酸单酯为原料,可以降低对石化燃料的依赖,包括自产和进口。

图 5-2-6　福特公司的 F-250 氢燃料汽车

(2)生物柴油非常环保,使用生物柴油的汽车所排放出来的有害物质仅为传统柴油汽车的 10% 左右,颗粒物为普通柴油的 20% 左右。

(3)生物柴油可以使用于普通的柴油发动机汽车,可按任意比例与普通柴油掺和使用,在普通的加油站就可以加油。

麻风树作为我国西南部的亚热带植物,是重要的生物柴油提取原料(图 5-2-7)。根据不同的生产方法,1t 麻风树果仁最多可以制造出超过 300L 生物柴油。

3. 氢气汽车

这里所说的氢气汽车与燃料电池电动汽车不同,虽然都是以氢为能源,但是转换能量方式不同,燃料电池电动汽车是将氢气化学能转化为电能驱动电机运转,而氢气汽车则是直接将氢气喷入汽缸燃烧,推动曲柄连杆机构,驱动汽车运动。氢气汽车是将氢气化学能直接转化为机械能。

图 5-2-8 所示为宝马 745h 氢气汽车。

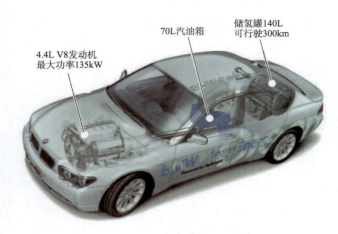

图 5-2-7 麻风树生产生物柴油

图 5-2-8 宝马 745h 氢气汽车

1) 氢气汽车基本组成

氢气汽车与传统汽车的不同主要在燃料供给系统。氢气燃料供给系统的结构示意图如图 5-2-9 所示，主要由氢气储存装置、高压电磁阀、过滤器、减压阀和压力表、氢气流量计量装置、电控单元和传感器、氢气喷射器，以及输送氢气的氢气无缝金属管等组成。其中电控系统由各种传感器如发动机转速传感器、加速踏板位置传感器、氢气压力传感器和温度传感器等和控制单元（ECU）组成。

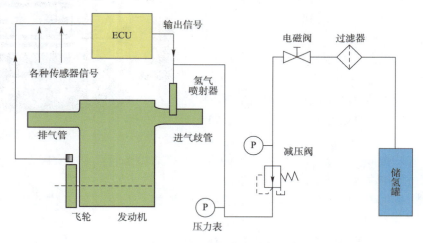

图 5-2-9 氢气汽车燃料供给系统结构

2) 氢气汽车基本工作原理

工作时，氢气电磁阀打开，来自储氢罐的氢气经过过滤器、电磁阀到减压阀减压，再通过氢气喷射器喷入进气歧管，与空气混合后，进入燃烧室燃烧，推动活塞做功，输出动力。排气生成的水从排气管排出。

氢气喷射器喷氢的时间和数量由 ECU 控制，取决于外部各种传感器输入的信号，如加速踏板位置、进气量、温度等。其基本控制原理与电控汽油机类似。

3) 氢气汽车的特点

氢气燃烧生成水,所以氢气汽车是一种真正实现零排放的交通工具。然而,虽然氢气的来源广泛,但是氢气的提取需要消耗大量能源,成本高,并且氢燃料的存储和运输都较为困难,这些制约了氢气汽车的发展。

4. 典型的替代燃料汽车

1) 大众汽车压缩天然气车型:途安 TSI EcoFuel

大众途安 TSI EcoFuel(图 5-2-10)以天然气作为主要燃料,在进气歧管内装备了天然气喷射装置,并由一根共同的高压管道提供燃料。动力系统主要为天然气模式设计。而在紧急状况下,发动机管理系统可自动将燃料供给模式切换到汽油模式。经过改进的发动机控制单元可完美地处理任一种操作模式。

图 5-2-10 途安 TSI EcoFuel 燃气汽车

由于采用天然气做燃料,途安 TSI EcoFuel 的一氧化碳、碳氢化合物及氮氧化合物排放较原汽油机车型分别降低了 80%、73% 与 80%,温室气体 CO_2 也降低了 23%。消耗天然气 4.8kg/100km,燃料成本大大低于汽油。如果只使用天然气做燃料,途安 TSI EcoFuel 能持续行驶约 370km,加上 11L 汽油容量,最多可持续行驶 520km。

为提高途安 EcoFuel 车型的安全性,大众汽车进行了深入而周全的设计:如电磁阀在发动机熄火、汽油模式及车辆发生碰撞时,能自动切断天然气的供应;储气罐的热安全阀与流量控制阀设计,降低了管线中不可控的压力下降;而储气罐中配置的压力阀,可以避免加气时储气罐的天然气向外倒流等。因此,在安全性上,途安 EcoFuel 与普通汽油或柴油车型并无差异。

2) 奔驰汽车压缩天然气车型:E200NGT

NGT 是 Natural Gas Technology 的英文缩写,是奔驰运用的压缩天然气技术的简称。E200NGT 是奔驰以 E 级车为基础开发的压缩天然气和汽油为燃料的双燃料汽车,如图 5-2-11 所示。它采用与 E200KOMPRESSOR 同样的 1.8L 直列 4 缸发动机,最大功率 120kW,最大转矩 240N·m,0~100km/h 加速只需要 9.8s,最高时速 220km/h,无论采用哪种燃料,E200NGT 的性能都不会发生改变。

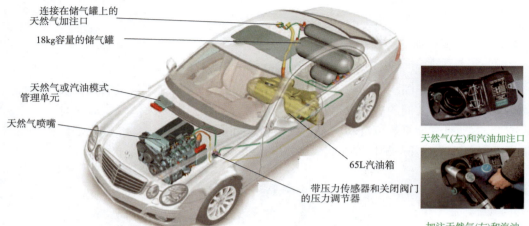

图 5-2-11 奔驰 E200NGT 压缩天然气汽车

驾驶人可以通过转向盘上的按钮来随时切换两种模式。开启天然气模式以后,仪表盘上会显示当前储存天然气的数量,当天然气耗尽的时候,系统会自动地切换到汽油模式。汽油箱容量为 65L,位于备胎位置的储气罐可储存 18kg 天然气。当所有的燃料都充满时,E200NGT 持续行驶里程为 1000km。该型号还可以选装 80L 的汽油箱,续驶里程能再增加 200km。

3) 国产主要品牌压缩天然气汽车

国内主要品牌压缩天然气汽车见表 5-2-1。

国产主要品牌压缩天然气汽车 表 5-2-1

型 号	排量 (L)	最大功率 (kW)	最大转矩 (N·m)	储气罐容量 (L)	天然气巡航 能力(km)	每 1km 平均 费用(元)
力帆 620CNG	1.6	78.66	137	60	190	0.15
比亚迪 F3 CNG	1.6	73.5	134	60	200	0.14
东风雪铁龙爱丽舍 CNG	1.4	78	142	65	190	0.20
长安铃木天语 CNG	1.6	80	144	75	220	0.16
长安悦翔 CNG	1.5	72	137	65	200	0.22

4) 宝马氢气汽车 Hydrogen 7

早在 20 世纪 70 年代,宝马就开始了氢燃料的研究。第一代氢动力车是宝马在 1979 年推出的 520 汽车,装配有可使用氢气和汽油的双燃料发动机,从此拉开了宝马的液氢动力车的序幕。在 1984—1995 年间,宝马又研制了第三代氢动力车,虽然有过大量的路试,但也仅仅限于试验阶段。1999 年,宝马又推出了由 15 辆 750hL 组成的氢动力车队。这 15 辆 750hL 在德国汉诺威 2000 年世博会上作为贵宾接待车,为宝马的氢动力市场化迈出了坚实的一步。同年，世界上第一个液氢加气站也在慕尼黑机场投入使用。

2001年，宝马举行了"清洁能源世界巡展"。在这次活动中，宝马清洁能源车队2月1日从中东的迪拜出发，途经布鲁塞尔、米兰、东京，最后到达洛杉矶。9月的法兰克福车展，宝马又推出了以全新7系为基础的第六代氢动力车745h。

2004年的巴黎车展，宝马展出了打破9项记录的氢动力赛车H2R。两年后，宝马Hydrogen 7诞生（图5-2-12），该车一共生产了100辆，正式交付特定的用户使用，氢动力汽车进入准商业化运作。

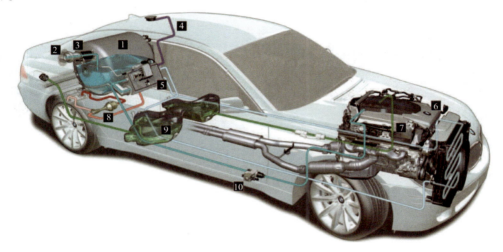

图5-2-12　宝马Hydrogen7汽车

1-8kg液化氢燃料罐；2-液化氢加注口；3-液化氢连接器；4-放空阀安全管路；5-辅助装置（包括氢交换器和燃料箱控制单元）；6-可使用液化氢和汽油的内燃机；7-供氢气道及进气歧管；8-蒸发管理系统；9-74L汽油箱；10-压力控制阀

Hydrogen 7采用6.0L V12缸发动机，最大功率有191kW，最大转矩为390N·m。这台豪华汽车可以在9.5s内加速到100km/h，最高时速可达到230km/h。

Hydrogen7依然是一台使用汽油燃料和氢燃料的双燃料汽车，它装有一个8kg的液态氢储氢罐和一个74L的汽油箱（图5-2-13）。采用液态氢的好处是在相同体积的储存空间里，低温状态下储存的液态氢，比加压储存的气态氢，所包含的能量要大75%左右。8kg（约114L）的液态氢可行驶200km，74L的油箱可行驶500km。

要想将氢气液化，必须将温度降低至-253℃，并且一直保持这个温度。因此，储氢罐要有很好的隔热性能。Hydrogen7的储氢罐由2mm厚的不锈钢内胆和外胆组成，在内、外胆之间，有30mm厚的真空隔热层。虽然宝马采用了十分有效的隔热措施，但仍不能保证氢气完全不会被蒸发。为了防止储氢罐中压力过大，通过蒸发管理系统控制燃料的蒸发过程：一旦超过既定的压力水平，系统就会允许蒸发的氢气在受控状态下从蒸发阀逸出，自动与空气混合并经催化剂氧化成水，兰满的储氢罐缓慢地蒸发大约9天时间（其蒸发过程是安全可控的），仍然有足够的氢保存在储氢罐中，足以在氢燃料运行模式下行驶一定的距离。

在使用汽油燃料时，汽油是直接喷射入汽缸的；而使用氢燃料时，氢气和空气要在进气歧管中形成混合气，才能喷入汽缸（图5-2-14）。由于两种燃料的燃烧性质完全不同，因此发动机的管理系统将精确地控制使用各种燃料时发动机的各项参数。氢气燃烧得快,与空气混合后的燃烧过程更快,这是氢气具有的显著优点,利用宝马 V12 发动机上的 Valvetronic 电子气门管理系统和双 VANOS 凸轮轴控制系统,发动机管理系统可以针对氢气空气混合物的特定特点和要求,来进行燃料喷射和气门正时、升程的控制。

图 5-2-13　宝马 Hydrogen 7 储氢罐　　　　　图 5-2-14　宝马 Hydrogen 7 发动机

5)马自达 RX-8 Hydrogen RE

马自达 RX-8 Hydrogen RE(图 5-2-15)于 2003 年东京车展首次露面,随着 2004 年的路试、2006 年的租赁,现在已经开始准商业化运作。RX-8 Hydrogen RE 的动力源自一台 RENESIS 氢转子发动机,RENESIS 是马自达新一代转子发动机的称谓,该发动机 1999 年在 RX-EVOLV 概念车上露面,2003 年随着 RX-8 量产而正式走向市场。新一代的 RENESIS 转子发动机最大的改进是采用了侧排气/侧吸气技术,排气量为 $0.65L \times 2$,自然吸气,输出最大功率却可达到 184kW,最大转矩达 $216N \cdot m$。燃油经济性和净化尾气排放方面也得到了大幅度的改善。

图 5-2-15　马自达 RX-8 Hydrogen RE

马自达 RX-8 Hydrogen RE 结构如图 5-2-16 所示。

马自达 RX-8 Hydrogen RE 上的 RENESIS 转子发动机(图 5-2-17),被设计成为可使用氢燃料和汽油双燃料的发动机。发动机外壳上安装了 4 个氢气喷射器。在使用汽油为燃料行驶时发动机与 RX-8 完全一样,采用两侧进排气;当使用氢气为燃料行驶时,发动机便可通过安装在 RENESIS 外壳上的喷射器直接喷射氢气,由于氢气密度小,喷射量比汽油多得多,因此每个转子配备两个喷射器。使用氢燃料时,氢转子发动机最大输出功率为 81kW、最大转矩为 $120N \cdot m$。使用汽油时,氢转子发动机的最大功率为 154kW、最大转矩为 $222N \cdot m$。

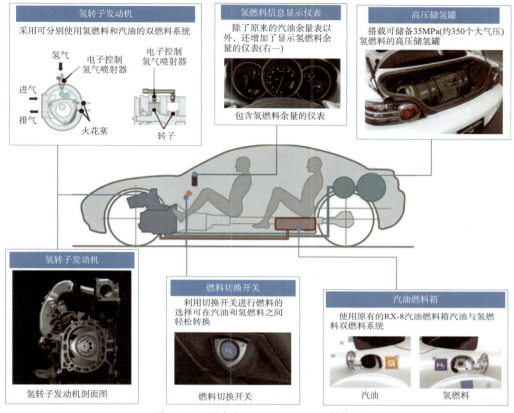

图 5-2-16　马自达 RX-8 Hydrogen RE 结构图

马自达 RX-8 Hydrogen RE 上的 RENESIS 转子发动机,被设计成为可使用氢燃料和汽油双燃料的发动机。

马自达 RX-8 Hydrogen RE 在行李舱安置了一个容量 74L,35MPa(约 350 个大气压)的储氢罐,可以行驶 60km 左右。马自达还有意研发 70MPa(约 700 个大气压)的储氢罐。为了确保安全,该车还配备了 4 个氢气泄露检测装置。驾驶人可以通过切换按钮来选择使用汽油或氢燃料,仪表上也多出了一项氢气余量显示,以提醒驾驶人关注氢气余量。

图 5-2-17　RENESIS 转子发动机

任务实施

(一)工作准备

(1)防护装备:常规实训工装。

(2)车辆、台架、总成：替代燃料汽车工作示教板，或替代燃料汽车工作模型。

（二）实施步骤

本任务主要检索和分析替代燃料汽车的资料。

1. 分析替代燃料汽车资料

利用互联网搜索目前市场上典型的燃气类汽车、生物燃料类型汽车以及氢气汽车，并围绕以下知识点进行分析：

(1) 对应汽车的类型及发展。

(2) 基本结构组成。

(3) 优势与不足。

2. 撰写报告

根据查询获取的信息，撰写《替代燃料汽车的现状与发展报告》。

学习测试

1. 填空题

(1) 以可燃气体为燃料的汽车称为_____。

(2) 液化石油气汽车使用的燃料是液化的石油气，是从_____中提炼出来的，主要成分是_____。

(3) 醇类燃料按一定的比例与_____混合在一起使用，这有利于增加燃料的_____。

(4) 氢气燃烧生成_____，所以氢气汽车是一种真正实现_____的交通工具。

(5) 宝马 Hydrogen 7 是一台使用汽油燃料和_____的_____汽车。

2. 判断题

(1) 压缩天然气汽车使用的燃料主要成分是甲烷（CH_4）。　　　　　　　　　（　　）

(2) 生物燃料最广泛的运用是氢类燃料和生物汽油。　　　　　　　　　　　　（　　）

(3) 醇类燃料通常直接用来当汽车燃料。　　　　　　　　　　　　　　　　　（　　）

(4) 氢气汽车与就是燃料电池电动汽车。　　　　　　　　　　　　　　　　　（　　）

(5) 替代燃料都是没有污染的。　　　　　　　　　　　　　　　　　　　　　（　　）

3. 单项选择题

(1) 下列说法正确的是（　　）。

　　A. CNG 汽车排放物没有污染　　　　　　B. LPG 汽车排放物没有污染

　　C. 氢气汽车排放物没有污染　　　　　　D. 以上说法都不对

(2) 麻风树制造的生物燃料是（　　）。

　　A. 醇类燃料　　　　　　　　　　　　　B. 生物汽油

　　C. 生物柴油　　　　　　　　　　　　　D. 天然气

(3) E85 乙醇汽油是指（　　）。

A. 85%乙醇和15%汽油的混合燃料　　B. 85%汽油和15%乙醇的混合燃料
C. 辛烷值为85%的乙醇汽油　　D. 以上都不对
(4) 给CNG汽车燃气运输采用(　　)。
　　A. 油箱　　　　　　　　　　　B. 车用气瓶
　　C. 家用气瓶　　　　　　　　　D. 以上都不对
(5) 以下部件属于氢气汽车燃料供给系统的是(　　)。
　　A. 高压电磁阀　　　　　　　　B. 过滤器
　　C. 减压阀和压力表　　　　　　D. 电容器

参 考 文 献

[1] 王刚. 新能源汽车[M]. 北京:清华大学出版社,2015.
[2] 王振坡,孙逢春,刘鹏. 电动汽车原理与应用技术[M]. 北京:机械工业出版社,2014.
[3] 邹国荣,程明. 电动汽车的新型驱动技术[M]. 北京:机械工业出版社,2010.
[4] 王志福,张承宁. 电动汽车驱动理论与设计[M]. 北京:机械工业出版社,2012.
[5] 许晓慧,徐石明. 电动汽车及充换电技术[M]. 北京:中国电力出版社,2012.
[6] 徐海明. 电动汽车充电站运行与维护技术[M]. 北京:中国电力出版社,2011.
[7] 陈全世. 先进电动汽车技术[M]. 北京:化学工业出版社,2007.
[8] 林程,韩冰. 北京市纯电动汽车技术培训教程[M]. 北京:北京理工大学出版社,2012.
[9] 章桐,贾永轩. 电动汽车技术革命[M]. 北京:机械工业出版社,2010.
[10] 许崇良,张传发. 电动汽车与混合动力[M]. 山东:山东大学出版社,2013.
[11] 赵立军. 电动汽车测试与评价[M]. 北京:北京大学出版社,2012.
[12] 崔胜民. 新能源汽车技术[M]. 北京:北京大学出版社,2014.
[13] 胡骅,宋慧. 电动汽车[M]. 北京:人民交通出版社,2012.
[14] 赵立军,佟钦智. 电动汽车结构与原理[M]. 北京:北京大学出版社,2012.
[15] 王贵明,王金懿. 电动汽车及其性能优化[M]. 北京:机械工业出版社,2010.
[16] 何洪文. 电动汽车原理与构造[M]. 北京:机械工业出版社,2012.
[17] 吴荣辉. 新能源汽车结构原理与检修[M]. 北京:机械工业出版社,2021.
[18] 吴荣辉. 新能源汽车认知与应用[M]. 北京:机械工业出版社,2021.

新能源汽车概论
（第2版）
任务工单

专业：_____

班级：_____

学号：_____

姓名：_____

人民交通出版社股份有限公司

目 录

项目一 新能源汽车概述 ··· 1
- 任务1 新能源汽车现状与发展趋势认知 ······································· 1
- 任务2 新能源汽车政策法规与标准认知 ······································· 4

项目二 新能源汽车类型、结构特征与性能评价 ································· 7
- 任务1 新能源汽车类型与结构特征认知 ······································· 7
- 任务2 新能源汽车参数与性能评价认知 ······································ 10

项目三 纯电动汽车结构原理与操控 ··· 13
- 任务1 纯电动汽车结构原理认知 ·· 13
- 任务2 纯电动汽车操控与充电 ·· 16

项目四 混合动力电动汽车结构原理与操控 ····································· 19
- 任务1 混合动力电动汽车结构原理认知 ······································ 19
- 任务2 混合动力电动汽车操控 ·· 22

项目五 其他能源动力汽车结构原理认知 ·· 26
- 任务1 燃料电池电动汽车结构原理认知 ······································ 26
- 任务2 替代燃料汽车结构原理认知 ··· 29

项目一　新能源汽车概述

任务1　新能源汽车现状与发展趋势认知

学生姓名		班级		学号	
实训场地		学时		日期	
客户任务	近年来,新能源汽车是汽车行业的热门话题。作为汽车行业的从业人员,你知道什么是新能源汽车吗?对于新能源汽车的现状与发展趋势,你又了解多少呢?				
工作准备	(1)防护装备:常规实训工装。 (2)专用工具、设备:新能源汽车整车或挂图、模型;能连接互联网的计算机或移动终端。				
任务要求	(1)能够利用互联网等资源查询新能源汽车现状与发展趋势的相关信息。 (2)能够撰写新能源汽车现状与发展趋势报告。				

 资讯

请阅读教材中的"相关知识",完成以下内容。
(1)思考:气候变暖、环境污染、能源危机与新能源汽车有什么关系?
_____
_____

(2)描述:什么是新能源?列举几种常见的新能源。
_____
_____

(3)描述:什么是新能源汽车?
①一般的定义:_____
②国家的定义:_____
(4)描述:国外新能源汽车的现状?
①纯电动汽车:_____
②混合动力电动汽车:_____
③燃料电池电动汽车:_____
(5)描述:国内新能源汽车的现状?
①国家主要政策:_____

②去年新能源汽车产销量：_____
③今年新能源汽车产销量：_____
④国内技术状况：_____
(6)描述：新能源汽车的发展趋势？
_____
_____

计划和决策

请根据任务要求，确定所需要的场地和物品，并对小组成员进行合理分工，制订详细的工作计划。

一、制订人员分工

小组编号：_____ 组长：_____
小组成员：_____
你的任务：_____

二、准备场地及物品

检查并记录完成任务需要的场地、设备、工具及材料。

1．场地

检查工作场地是否清洁及存在安全隐患，如不正常，请汇报老师并及时处理。
记录：_____

2．车辆、充电桩、总成、工件

(1)车辆：_____
(2)充电桩：_____
(3)其他：_____

3．设备及工具

(1)防护装备：_____
(2)设备及工具：_____

4．安全要求及注意事项

(1)实训汽车停在实训工位上，没有经过老师批准不准起动；经老师批准起动后，应检查车轮的安全顶块是否放好，驻车制动器是否拉好，换挡杆是否放在 P 挡(A/T)，确认车前是否有人。

(2)禁止触碰任何带安全警示标识的部件。

(3)实训期间禁止嬉戏打闹。

三 制订工作方案

根据任务,小组进行讨论,确定工作方案(流程/工序),并记录。

_____
_____
_____
_____
_____

实施和检查

根据制订的计划实施,完成以下任务并记录。
(1)参观实训室新能源汽车或挂图,初步认识新能源汽车。
记录:_____
(2)利用互联网查询新能源汽车的现状和发展趋势。
打开计算机或移动终端的浏览器,利用"百度"等浏览器搜索功能,搜索"新能源汽车;现状;发展趋势"等关键词,查询并记录相关的信息。
①目前市场上有哪些类型的新能源汽车:_____
②国内混合动力电动汽车销量排行前3位的品牌及车型:_____
③国内纯电动汽车销量排行前3位的品牌及车型:_____
④新能源汽车的主要发展瓶颈:_____
(3)根据查询获取的信息撰写《新能源汽车的现状与发展趋势报告》。

评估

根据任务完成情况,学生自我评分,教师或指定组长过程巡视/验收检查时,若发现问题直接扣分。

评估项目(分值)	自我评估	小组评估	教师评估
资讯(5)			
计划和决策(5)			
实施和检查(10)			
合计(20)			
总评			

教师签名:_____

任务2　新能源汽车政策法规与标准认知

学生姓名		班级		学号	
实训场地		学时		日期	
客户任务	作为汽车行业从业人员,你知道国家对新能源汽车出台了哪些法规和标准吗?国家对新能源汽车的优惠政策又有哪些?新能源电动汽车用不用驾驶执照及上牌照?老年代步车算不算新能源汽车?				
工作准备	(1)防护装备:常规实训工装。 (2)专用工具、设备:能连接互联网的计算机或移动终端。				
任务要求	(1)能够利用互联网等资源查询新能源汽车的政策、法规与标准。 (2)能够撰写新能源汽车的政策、法规与标准报告。				

 资讯

请阅读教材中的"相关知识",完成以下内容。

(1)国家对新能源汽车有哪些战略规划?

(2)国家对新能源汽车产业出台了哪些政策,目的是什么?

(3)你认为国家为什么会出台新能源汽车的驾驶资格和牌照相关的管理办法?

(4)为什么需要制定新能源汽车的标准?我国已经制定了哪些新能源汽车相关的标准?

计划和决策

请根据任务要求,确定所需要的场地和物品,并对小组成员进行合理分工,制订详细的工作计划。

一　制订人员分工

小组编号：_____　　　组长：_____
小组成员：_____
你的任务：_____

二　准备场地及物品

检查并记录完成任务需要的场地、设备、工具及材料。

1. 场地
检查工作场地是否清洁及存在安全隐患，如不正常，请汇报老师并及时处理。
记录：_____

2. 车辆、充电桩、总成、工件
(1) 车辆：_____
(2) 充电桩：_____
(3) 其他：_____

3. 设备及工具
(1) 防护装备：_____
(2) 设备及工具：_____

4. 安全要求及注意事项
(1) 实训汽车停在实训工位上，没有经过老师批准不准起动；经老师批准起动后，应检查车轮的安全顶块是否放好，驻车制动器是否拉好，换挡杆是否放在 P 挡(A/T)，确认车前是否有人。
(2) 禁止触碰任何带安全警示标识的部件。
(3) 实训期间禁止嬉戏打闹。

三　制订工作方案

根据任务，小组进行讨论，确定工作方案(流程/工序)，并记录。

_____
_____
_____
_____
_____
_____

实施和检查

根据制订的计划实施,完成以下任务并记录。

(1)新能源汽车的政策、法规与标准查询。

打开计算机或移动终端的浏览器,利用"百度"等浏览器搜索功能,搜索"新能源汽车;政策;法规"等关键词,查询并记录相关的信息。

①新能源汽车的政策:＿＿＿＿＿＿＿＿＿＿＿＿＿＿＿＿＿＿＿＿＿

②新能源汽车的法规:＿＿＿＿＿＿＿＿＿＿＿＿＿＿＿＿＿＿＿＿＿

③新能源汽车的标准:＿＿＿＿＿＿＿＿＿＿＿＿＿＿＿＿＿＿＿＿＿

④新能源汽车其他信息:＿＿＿＿＿＿＿＿＿＿＿＿＿＿＿＿＿＿＿＿

(2)对所查询出的相关信息进行分析、学习和讨论,并撰写报告。

评估

根据任务完成情况,学生自我评分,教师或指定组长过程巡视/验收检查时,若发现问题直接扣分。

评估项目(分值)	自我评估	小组评估	教师评估
资讯(5)			
计划和决策(5)			
实施和检查(10)			
合计(20)			
总评			

教师签名:＿＿＿＿＿＿＿

项目二　新能源汽车类型、结构特征与性能评价

任务1　新能源汽车类型与结构特征认知

学生姓名		班级		学号	
实训场地		学时		日期	
客户任务	作为一名汽车专业的学生,你知道新能源汽车有哪些类型？新能源汽车与传统的汽车有什么区别吗？				
工作准备	(1)防护装备:常规实训工装。 (2)车辆、台架、总成:实训中心现有新能源整车。 (3)专用工具、设备:举升机。				
任务要求	能够正确识别纯电动及油电混合动力类型新能源汽车。				

资讯

请阅读教材中的"相关知识",完成以下内容。

(1)描述:新能源汽车的两种常见分类方式,分别有哪些类型。

_____

_____

(2)描述:新能源汽车的基本性能特征,与传统汽车有什么区别？

_____

_____

(3)描述:新能源汽车从结构上,与传统汽车有什么区别？

_____

_____

计划和决策

请根据任务要求,确定所需要的场地和物品,并对小组成员进行合理分工,制订详细的工作计划。

新能源汽车概论(第2版)任务工单

一、制订人员分工

小组编号：_____ 组长：_____
小组成员：_____
你的任务：_____

二、准备场地及物品

检查并记录完成任务需要的场地、设备、工具及材料。

1. 场地
检查工作场地是否清洁及存在安全隐患，如不正常，请汇报老师并及时处理。
记录：_____

2. 车辆、充电桩、总成、工件
(1) 车辆：_____
(2) 充电桩：_____
(3) 其他：_____

3. 设备及工具
(1) 防护装备：_____
(2) 设备及工具：_____

4. 安全要求及注意事项
(1) 实训汽车停在实训工位上，没有经过老师批准不准起动；经老师批准起动后，应检查车轮的安全顶块是否放好，驻车制动器是否拉好，换挡杆是否放在 P 挡(A/T)，确认车前是否有人。
(2) 禁止触碰任何带安全警示标识的部件。
(3) 实训期间禁止嬉戏打闹。

三、制订工作方案

根据任务，小组进行讨论，确定工作方案(流程/工序)，并记录。

_____
_____
_____
_____
_____
_____

实施和检查

根据制订的计划实施,完成以下任务并记录。

(1)新能源汽车外观特征识别。

根据实训中心的整车,从外观上判断该汽车是传统汽车、纯电动汽车或是混合动力电动汽车。

①纯电动汽车外观特征:_____

②混合动力电动汽车外观特征:_____

③纯电动汽车和插电式混合动力电动汽车共同特征:_____

(2)打开前机舱盖判断新能源汽车。

①纯电动汽车前机舱特征:_____

②混合动力电动汽车前机舱特征:_____

(3)举升车辆或打开行李舱判断新能源汽车。

①纯电动汽车动力蓄电池位置:_____

②混合动力电动汽车动力蓄电池位置:_____

③你认识的底盘其他新能源汽车特有的结构:_____

(4)观察仪表区域判断新能源汽车。

①纯电动汽车仪表特征:_____

②混合动力电动汽车仪表特征:_____

评估

根据任务完成情况,学生自我评分,教师或指定组长过程巡视/验收检查时,若发现问题直接扣分。

评估项目(分值)	自 我 评 估	小 组 评 估	教 师 评 估
资讯(5)			
计划和决策(5)			
实施和检查(10)			
合计(20)			
总评			

教师签名:_____

任务2 新能源汽车参数与性能评价认知

学生姓名		班级		学号	
实训场地		学时		日期	
客户任务	你的亲友想买一辆新能源汽车,找你咨询,他是个上班族、工资不是很高,主要的用途是上下班用,偶尔开车郊区度假,你能正确对比市场上的新能源汽车,并给予他合理的建议吗?				
工作准备	(1)防护装备:常规实训工装。 (2)车辆、台架、总成:荣威 E50、比亚迪 e6、北汽新能源(或其他新能源汽车)。				
任务要求	(1)能够正确识别新能源汽车主要标识与标牌。 (2)能够根据新能源汽车的性能参数正确分析和对比。				

资讯

请阅读教材中的"相关知识",完成以下内容。
(1)描述:新能源汽车需要哪些参数?
_____

(2)描述:新能源汽车的续驶里程?影响续驶里程的因素有哪些?
_____

(3)描述:新能源汽车的驱动功率?影响驱动功率的因素有哪些?
_____

(4)描述:什么是新能源汽车的充电时间?影响充电时间的因素有哪些?
_____

(5)描述:国内外有哪些主要的新能源汽车厂商,分别有哪些代表车型?
_____

计划和决策

请根据任务要求,确定所需要的场地和物品,并对小组成员进行合理分工,制订详细的工作计划。

一 制订人员分工

小组编号：_____ 组长：_____
小组成员：_____
你的任务：_____

二 准备场地及物品

检查并记录完成任务需要的场地、设备、工具及材料。

1. 场地

检查工作场地是否清洁及存在安全隐患，如不正常，请汇报老师并及时处理。
记录：_____

2. 车辆、充电桩、总成、工件

(1) 车辆：_____
(2) 充电桩：_____
(3) 其他：_____

3. 设备及工具

(1) 防护装备：_____
(2) 设备及工具：_____

4. 安全要求及注意事项

(1) 实训汽车停在实训工位上，没有经过老师批准不准起动；经老师批准起动后，应检查车轮的安全顶块是否放好，驻车制动器是否拉好，换挡杆是否放在 P 挡(A/T)，确认车前是否有人。
(2) 禁止触碰任何带安全警示标识的部件。
(3) 实训期间禁止嬉戏打闹。

三 制订工作方案

根据任务，小组进行讨论，确定工作方案(流程/工序)，并记录。
_____
_____
_____
_____

实施和检查

根据制订的计划实施，完成以下任务并记录。

(1)新能源汽车的主要标识位置查找与内容识别。
根据实训中心的新能源汽车,查找新能源汽车的主要标识位置与内容识别。
①车辆识别代号(VIN)位置和内容:_____
②变速器代号位置和内容:_____
③驱动电机代号位置和内容:_____
④车辆标牌位置和内容:_____

(2)利用电脑或移动终端检索资料,关键词"厂商名称(如比亚迪),纯电动汽车,混合动力电动汽车",并记录主流新能源汽车厂商的代表车型等信息。

序号	生产厂商	品牌/车型	产品类型
1			
2			
3			
4			
5			
6			
7			
8			
9			
10			

(3)检索资料,参照学习手册内容,对以下3款新能源汽车(可以根据实际情况调整)的性能参数进行对比,并最后给出一个合理的评价。
①江淮iev5:_____
②北汽EV200:_____
③东风日产启辰晨风:_____

评估

根据任务完成情况,学生自我评分,教师或指定组长过程巡视/验收检查时,若发现问题直接扣分。

评估项目(分值)	自我评估	小组评估	教师评估
资讯(5)			
计划和决策(5)			
实施和检查(10)			
合计(20)			
总评			

教师签名:_____

项目三　纯电动汽车结构原理与操控

任务1　纯电动汽车结构原理认知

学生姓名		班级		学号	
实训场地		学时		日期	
客户任务	当你打开纯电动汽车前机舱盖时,你能正确说出里面那些部件的名称与功能吗?你能向纯电动汽车客户解释纯电动汽车是如何运行的吗?				
工作准备	(1)防护装备:常规实训工装。 (2)车辆、台架、总成:比亚迪e6、北汽新能源、上汽荣威E50纯电动汽车,或实训中心现有新能源整车。				
任务要求	能够正确识别典型的纯电动汽车部件位置。				

资讯

请阅读教材中的"相关知识",完成以下内容。
(1)描述:纯电动汽车的典型特征与核心技术。

_____

(2)描述:纯电动汽车的驱动原理与运行模式。

_____

(3)描述:纯电动汽车的主要类型。

_____

(4)描述:纯电动汽车的基本结构。

_____

计划和决策

请根据任务要求,确定所需要的场地和物品,并对小组成员进行合理分工,制订详细的工作计划。

一、制订人员分工

小组编号：_____ 组长：_____
小组成员：_____
你的任务：_____

二、准备场地及物品

检查并记录完成任务需要的场地、设备、工具及材料。

1. 场地

检查工作场地是否清洁及存在安全隐患，如不正常，请汇报老师并及时处理。
记录：_____

2. 车辆、充电桩、总成、工件

（1）车辆：_____
（2）充电桩：_____
（3）其他：_____

3. 设备及工具

（1）防护装备：_____
（2）设备及工具：_____

4. 安全要求及注意事项

（1）实训汽车停在实训工位上，没有经过老师批准不准起动；经老师批准起动后，应检查车轮的安全顶块是否放好，驻车制动器是否拉好，换挡杆是否放在 P 挡（A/T），确认车前是否有人。
（2）禁止触碰任何带安全警示标识的部件。
（3）实训期间禁止嬉戏打闹。

三、制订工作方案

根据任务，小组进行讨论，确定工作方案（流程/工序），并记录。

_____
_____
_____
_____
_____
_____

实施和检查

根据制订的计划实施,完成以下任务并记录。
(1)操作前准备(禁用高电压系统,教师操作)。
①禁用高电压系统的目的:_____
②其他记录:_____
2. 比亚迪 e6 纯电动汽车部件认知与识别。
①e6 主要高压部件布置:_____
②动力蓄电池(类型、参数):_____
③驱动电机及变速单元(类型、控制方式):_____
④充电接口(快充、慢充):_____
⑤其他记录:_____
(3)北汽 EV200 纯电动汽车部件认知与识别。
①EV200 主要高压部件布置:_____
②动力蓄电池(类型、参数):_____
③电机与 PDU 部件(类型、控制方式):_____
④其他记录:_____

评估

根据任务完成情况,学生自我评分,教师或指定组长过程巡视/验收检查时,若发现问题直接扣分。

评估项目(分值)	自我评估	小组评估	教师评估
资讯(5)			
计划和决策(5)			
实施和检查(10)			
合计(20)			
总评			

教师签名:_____

任务 2　纯电动汽车操控与充电

学生姓名		班级		学号	
实训场地		学时		日期	
客户任务	你需要为一位已购买纯电动汽车的客户详细介绍该车的功能以及如何进行正确的操控,你能完成这个任务吗?				
工作准备	(1)防护装备:常规实训工装。 (2)车辆、台架、总成:比亚迪 e6、北汽新能源、上汽荣威 E50 纯电动汽车,或实训中心现有新能源整车。				
任务要求	(1)能够正确起动纯电动汽车。 (2)能够正确操控纯电动汽车。 (3)能够正确为纯电动汽车进行充电。				

请阅读教材中的"相关知识",完成以下内容。
(1)描述:纯电动汽车的起动与操控方法?
_____
_____

(2)描述:纯电动汽车的充电技术特点与充电方法?
_____
_____
_____

请根据任务要求,确定所需要的场地和物品,并对小组成员进行合理分工,制订详细的工作计划。

一　制订人员分工

小组编号:_____　组长:_____
小组成员:_____
你的任务:_____

二 准备场地及物品

检查并记录完成任务需要的场地、设备、工具及材料。

1. 场地
检查工作场地是否清洁及存在安全隐患,如不正常,请汇报老师并及时处理。

记录:_____

2. 车辆、充电桩、总成、工件
(1) 车辆:_____
(2) 充电桩:_____
(3) 其他:_____

3. 设备及工具
(1) 防护装备:_____
(2) 设备及工具:_____

4. 安全要求及注意事项
(1) 实训汽车停在实训工位上,没有经过老师批准不准起动;经老师批准起动后,应检查车轮的安全顶块是否放好,驻车制动器是否拉好,换挡杆是否放在 P 挡(A/T),确认车前是否有人。

(2) 禁止触碰任何带安全警示标识的部件。

(3) 实训期间禁止嬉戏打闹。

三 制订工作方案

根据任务,小组进行讨论,确定工作方案(流程/工序),并记录。

_____
_____
_____
_____
_____
_____
_____

实施和检查

根据制订的计划实施,完成以下任务并记录。

(1) 观察纯电动实训车辆,并起动车辆。

① 起动前的注意事项:_____

②能否顺利起动,如果不能,说明原因:_____
③其他记录:_____
(2)将钥匙开启到ON模式,但不起动车辆。
①观察仪表上指示灯,并说明其含义。
a.你能够识别的指示灯:_____
b.你不能识别的指示灯:_____
c.其他记录:_____
②操作灯光开关、车门、安全带的等,确认是否正常,并观察仪表上指示灯变化。
记录:_____
③操作车辆挡位,确认是否正常,并观察仪表上指示灯变化。
记录:_____
(3)为纯电动汽车充电。
①充电前的注意事项:_____
②为车辆充电前的充电模式设置记录:_____
③为车辆充电记录:_____

评估

根据任务完成情况,学生自我评分,教师或指定组长过程巡视/验收检查时,若发现问题直接扣分。

评估项目(分值)	自我评估	小组评估	教师评估
资讯(5)			
计划和决策(5)			
实施和检查(10)			
合计(20)			
总评			

教师签名:_____

项目四　混合动力电动汽车结构原理与操控

任务1　混合动力电动汽车结构原理认知

学生姓名		班级		学号	
实训场地		学时		日期	
客户任务	如果你是新能源汽车销售顾问,现在有一位新能源汽车潜在的客户拟购买一辆油电混合动力电动汽车,但是他对混合动力电动汽车不了解,你能正确为这位客户介绍混合动力电动汽车的特点吗?				
工作准备	(1)防护装备:常规实训工装。 (2)车辆、台架、总成:丰田普锐斯、丰田卡罗拉、比亚迪秦、上汽荣威550混合动力,或其他类型混合动力汽车。				
任务要求	(1)能够正确区分混合动力电动汽车的类型。 (2)能够正确识别混合动力电动汽车的结构特征。				

资讯

请阅读教材中的"相关知识",完成以下内容。
(1)描述混合动力电动汽车的定义。
①国际上:_____
②习惯上:_____
③广义上:_____
④狭义上:_____
(2)画出典型混合动力电动汽车动力驱动路线图,并根据线路图描述混合动力电动汽车的基本原理。

(3)混合动力电动汽车的有几种分类方法,分为哪些类型,具有什么特点?
_____
_____

(4)描述混合动力电动汽车有哪些结构特征。
_____
_____

计划和决策

请根据任务要求,确定所需要的场地和物品,并对小组成员进行合理分工,制订详细的工作计划。

一 制订人员分工

小组编号:_____ 组长:_____
小组成员:_____
你的任务:_____

二 准备场地及物品

检查并记录完成任务需要的场地、设备、工具及材料。

1. 场地

检查工作场地是否清洁及存在安全隐患,如不正常,请汇报老师并及时处理。
记录:_____

2. 车辆、充电桩、总成、工件

(1)车辆:_____
(2)充电桩:_____
(3)其他:_____

3. 设备及工具

(1)防护装备:_____
(2)设备及工具:_____

4. 安全要求及注意事项

(1)实训汽车停在实训工位上,没有经过老师批准不准起动;经老师批准起动后,应检查车轮的安全顶块是否放好,驻车制动器是否拉好,换挡杆是否放在 P 挡(A/T),确认车前是否有人。
(2)禁止触碰任何带安全警示标识的部件。
(3)实训期间禁止嬉戏打闹。

三 制订工作方案

根据任务,小组进行讨论,确定工作方案(流程/工序),并记录。

_____
_____

实施和检查

根据制订的计划实施,完成以下任务并记录。

(1)利用互联网检索资料,或调研周边新能源汽车销售店面,了解当前主流混合动力电动汽车品牌与车型。

①丰田混合动力电动汽车(类型、特点):_____

②比亚迪秦混合动力电动汽车(类型、特点):_____

③上汽荣威550混合动力电动汽车(类型、特点):_____

④其他混合动力电动汽车(类型、特点):_____

(2)混合动力电动汽车结构特征识别。

①外观标识:_____

②驱动结构:_____

③制动系统:_____

④转向系统:_____

⑤其他记录:_____

根据任务完成情况,学生自我评分,教师或指定组长过程巡视/验收检查时,若发现问题直接扣分。

评估项目(分值)	自我评估	小组评估	教师评估
资讯(5)			
计划和决策(5)			
实施和检查(10)			
合计(20)			
总评			

教师签名:_____

任务2　混合动力电动汽车操控

学生姓名		班级		学号	
实训场地		学时		日期	
客户任务	有一位混合动力电动汽车用户反映他的车辆发动机总是运转,怀疑混合动力系统有故障。你的主管要求你进行合理的解释,并指导他正确操控车辆,你能完成这个任务吗?					
工作准备	(1)防护装备:常规实训工装。 (2)车辆、台架、总成:丰田普锐斯、丰田卡罗拉、比亚迪秦、上汽荣威550混合动力,或其他类型混合动力电动汽车。					
任务要求	(1)能够描述混合动力电动汽车的运行模式。 (2)能够描述混合动力电动汽车的起动与操控方法。					

请阅读教材中的"相关知识",完成以下内容。
(1)描述混合动力电动汽车的几种运行模式。
_____
_____

(2)描述混合动力电动汽车的起动与操控方法。
_____
_____
_____

计划和决策

请根据任务要求,确定所需要的场地和物品,并对小组成员进行合理分工,制订详细的工作计划。

一　制订人员分工

小组编号:_____　组长:_____
小组成员:_____
你的任务:_____

二 准备场地及物品

检查并记录完成任务需要的场地、设备、工具及材料。

1. 场地
检查工作场地是否清洁及存在安全隐患,如不正常,请汇报老师并及时处理。
记录:_____

2. 车辆、充电桩、总成、工件
(1)车辆:_____
(2)充电桩:_____
(3)其他:_____

3. 设备及工具
(1)防护装备:_____
(2)设备及工具:_____

4. 安全要求及注意事项
(1)实训汽车停在实训工位上,没有经过老师批准不准起动;经老师批准起动后,应检查车轮的安全顶块是否放好,驻车制动器是否拉好,换挡杆是否放在 P 挡(A/T),确认车前是否有人。
(2)禁止触碰任何带安全警示标识的部件。
(3)实训期间禁止嬉戏打闹。

三 制订工作方案

根据任务,小组进行讨论,确定工作方案(流程/工序),并记录。
_____
_____
_____
_____
_____

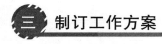

实施和检查

根据制订的计划实施,完成以下任务并记录。

1. 典型混合动力电动汽车仪表及混合动力模式操控
1)操作前准备
(1)检查并确认车辆无故障,如果是插电式混合动力电动汽车,需要提前充满电。
(2)将车辆四轮利用两柱举升机离地约 15~20cm。

(3)起动车辆前,必须确保车辆前方及车轮附近没有人。
2)丰田普锐斯仪表与混合动力控制按钮操作
(1)你能够识别的显示信息/指示灯:_____
(2)你不能识别的显示信息/指示灯:_____
(3)其他记录:_____
3)比亚迪秦混合动力电动汽车仪表显示信息及指示灯
(1)你能够识别的显示信息/指示灯:_____
(2)你不能识别的显示信息/指示灯:_____
(3)其他记录:_____
_____
_____

2.典型混合动力电动汽车的运行模式识别及分析

 警告:
　　整个操作过程必须由实训教师在举升机上完成,学生仅通过显示装置记录显示结果!

车辆运行期间,严禁车辆前后站立学生!
释放车辆驻车制动,并将挡位挂入D挡,尝试运行以下形式状态,并记录并分析能量图显示的状态。
1)操作步骤
(1)空载起步:_____
(2)加速:_____
(3)匀速:_____
(4)急加速:_____
(5)释放加速踏板滑行:_____
(6)制动车辆:_____
(7)其他记录:_____
2)混合动力电动汽车运行模式识别及分析
(1)纯电模式:_____
(2)传统燃油模式:_____
(3)能量回收模式:_____
(4)怠速充电模式:_____
(5)驱动与发电模式:_____
(6)全速驱动模式:_____
(7)其他记录:_____

评估

根据任务完成情况,学生自我评分,教师或指定组长过程巡视/验收检查时,若发现问题直接扣分。

评估项目(分值)	自 我 评 估	小 组 评 估	教 师 评 估
资讯(5)			
计划和决策(5)			
实施和检查(10)			
合计(20)			
总评			

教师签名:＿＿＿＿＿＿＿

项目五　其他能源动力汽车结构原理认知

任务1　燃料电池电动汽车结构原理认知

学生姓名		班级		学号	
实训场地		学时		日期	
客户任务	你作为一名新能源汽车专业的人员,你的主管让你为客户做一个关于燃料电池汽车的报告,你能胜任此项任务吗?					
工作准备	(1)防护装备:常规实训工装。 (2)车辆、台架、总成:燃料电池工作示教板,或燃料电池工作模型。					
任务要求	能够检索市场上知名燃料电池电动汽车品牌,并归纳说明其功能差异。					

请阅读教材中的"相关知识",完成以下内容。

(1)氢能源与燃料电池是什么关系?什么是燃料电池?

(2)燃料电池有什么优点?

(3)从目前来看,燃料电池存在什么问题?

(4)燃料电池有哪些类型,分别有什么特点?

(5)描述 PEM 燃料电池的结构与工作原理。

(6)描述燃料电池汽车的结构与工作原理。

计划和决策

请根据任务要求,确定所需要的场地和物品,并对小组成员进行合理分工,制订详细的工作计划。

一 制订人员分工

小组编号：_____ 组长：_____
小组成员：_____
你的任务：_____

二 准备场地及物品

检查并记录完成任务需要的场地、设备、工具及材料。

1. 场地

检查工作场地是否清洁及存在安全隐患,如不正常,请汇报老师并及时处理。
记录：_____

2. 车辆、充电桩、总成、工件

(1) 车辆：_____
(2) 充电桩：_____
(3) 其他：_____

3. 设备及工具

(1) 防护装备：_____
(2) 设备及工具：_____

4. 安全要求及注意事项

(1) 实训汽车停在实训工位上,没有经过老师批准不准起动;经老师批准起动后,应检查车轮的安全顶块是否放好,驻车制动器是否拉好,换挡杆是否放在 P 挡(A/T),确认车前是否有人。
(2) 禁止触碰任何带安全警示标识的部件。
(3) 实训期间禁止嬉戏打闹。

三 制订工作方案

根据任务,小组进行讨论,确定工作方案(流程/工序),并记录。

_____
_____

实施和检查

根据制订的计划实施,完成以下任务并记录。

(1)根据实训中心的燃料电池示教版,分析并说明示教版所示燃料电池的类型、以及燃料电池的工作原理。

(2)检索资料,查找当前市场上典型的燃料电池电动汽车,并归纳相应品牌燃料电池电动汽车涉及的以下信息:
①燃料电池电动汽车电动的技术发展:＿＿＿＿＿＿＿＿＿＿
②目前市场上有哪些燃料电池电动汽车:＿＿＿＿＿＿＿＿＿＿
③燃料电池电动汽车所采用的燃料电池类型:＿＿＿＿＿＿＿＿＿＿
④燃料电池电动汽车的基本结构＿＿＿＿＿＿＿＿＿＿

(3)根据查询获取的信息,撰写《燃料电池电动汽车的现状与发展报告》。

评估

根据任务完成情况,学生自我评分,教师或指定组长过程巡视/验收检查时,若发现问题直接扣分。

评估项目(分值)	自 我 评 估	小 组 评 估	教 师 评 估
资讯(5)			
计划和决策(5)			
实施和检查(10)			
合计(20)			
总评			

教师签名:＿＿＿＿＿＿

任务 2　替代燃料汽车结构原理认知

学生姓名		班级		学号	
实训场地		学时		日期	
客户任务	替代燃料汽车技术作为当前新能源汽车的另一个发展方向,虽然现在市场上很少有此类新能源汽车,但是在未来燃料提炼技术的进一步发展,替代燃料汽车也作为一个其中的发展方向。 你能向其他人介绍当前有哪些类型的替代燃料汽车吗?				
工作准备	(1)防护装备:常规实训工装。 (2)车辆、台架、总成:替代燃料汽车工作示教板,或替代燃料汽车工作模型。				
任务要求	(1)能够查询和分析典型燃气类汽车的特点。 (2)能够查询和分析典型生物燃料类汽车的特点。 (3)能够查询和分析典型氢气汽车的结特点。				

请阅读教材中的"相关知识",完成以下内容。
(1)燃气类汽车有哪些常见类型?

_____

(2)描述燃气类汽车的优点和不足?

_____

(3)生物燃料汽车的有哪些类型?分别有什么特点?

_____

(4)描述氢气汽车的组成结构与工作原理。

_____

计划和决策

请根据任务要求,确定所需要的场地和物品,并对小组成员进行合理分工,制订详细的工作计划。

一 制订人员分工

小组编号：＿＿＿＿＿＿＿＿＿＿＿＿＿　　　组长：＿＿＿＿＿＿＿＿＿＿＿＿＿
小组成员：＿＿＿＿＿＿＿＿＿＿＿＿＿＿＿＿＿＿＿＿＿＿＿＿＿＿＿＿＿＿＿
你的任务：＿＿＿＿＿＿＿＿＿＿＿＿＿＿＿＿＿＿＿＿＿＿＿＿＿＿＿＿＿＿＿

二 准备场地及物品

检查并记录完成任务需要的场地、设备、工具及材料。

1. 场地

检查工作场地是否清洁及存在安全隐患,如不正常,请汇报老师并及时处理。
记录：＿＿＿＿＿＿＿＿＿＿＿＿＿＿＿＿＿＿＿＿＿＿＿＿＿＿＿＿＿＿＿

2. 车辆、充电桩、总成、工件

（1）车辆：＿＿＿＿＿＿＿＿＿＿＿＿＿＿＿＿＿＿＿＿＿＿＿＿＿＿＿＿
（2）充电桩：＿＿＿＿＿＿＿＿＿＿＿＿＿＿＿＿＿＿＿＿＿＿＿＿＿＿＿
（3）其他：＿＿＿＿＿＿＿＿＿＿＿＿＿＿＿＿＿＿＿＿＿＿＿＿＿＿＿＿

3. 设备及工具

防护装备：＿＿＿＿＿＿＿＿＿＿＿＿＿＿＿＿＿＿＿＿＿＿＿＿＿＿＿＿
设备及工具：＿＿＿＿＿＿＿＿＿＿＿＿＿＿＿＿＿＿＿＿＿＿＿＿＿＿＿

4. 安全要求及注意事项

（1）实训汽车停在实训工位上,没有经过老师批准不准起动;经老师批准起动后,应检查车轮的安全顶块是否放好,驻车制动器是否拉好,换挡杆是否放在 P 挡（A/T）,确认车前是否有人。
（2）禁止触碰任何带安全警示标识的部件。
（3）实训期间禁止嬉戏打闹。

三 制订工作方案

根据任务,小组进行讨论,确定工作方案（流程/工序）,并记录。

＿＿＿＿＿＿＿＿＿＿＿＿＿＿＿＿＿＿＿＿＿＿＿＿＿＿＿＿＿＿＿＿＿＿＿＿＿
＿＿＿＿＿＿＿＿＿＿＿＿＿＿＿＿＿＿＿＿＿＿＿＿＿＿＿＿＿＿＿＿＿＿＿＿＿
＿＿＿＿＿＿＿＿＿＿＿＿＿＿＿＿＿＿＿＿＿＿＿＿＿＿＿＿＿＿＿＿＿＿＿＿＿
＿＿＿＿＿＿＿＿＿＿＿＿＿＿＿＿＿＿＿＿＿＿＿＿＿＿＿＿＿＿＿＿＿＿＿＿＿
＿＿＿＿＿＿＿＿＿＿＿＿＿＿＿＿＿＿＿＿＿＿＿＿＿＿＿＿＿＿＿＿＿＿＿＿＿

实施和检查

根据制订的计划实施,完成以下任务并记录。

(1)查找目前市场上典型的燃气类汽车、生物燃料类型汽车以及氢气汽车,并围绕以下知识点进行分析:
①对应汽车的类型及发展:_____
②基本组成结构:_____
③优势与不足:_____

(2)根据查询获取的信息,撰写《替代燃料汽车的现状与发展报告》。

评估

根据任务完成情况,学生自我评分,教师或指定组长过程巡视/验收检查时,若发现问题直接扣分。

评估项目(分值)	自 我 评 估	小 组 评 估	教 师 评 估
资讯(5)			
计划和决策(5)			
实施和检查(10)			
合计(20)			
总评			

教师签名:_____

职业教育新能源汽车技术专业创新教材

新能源汽车概论（第2版）

 新能源汽车高压安全与防护（第2版）

新能源汽车动力电池与驱动电机（第2版）

新能源汽车充电与辅助系统检修

 新能源汽车维护与故障诊断（第2版）

智能网联汽车概论

ISBN 978-7-114-17922-8

定价：48.00元
（含教材 + 任务工单）